皖美民宿运营指南

WANMEI MINSU
YUNYING ZHINAN

刘雪丹 齐炜 编著

时代出版传媒股份有限公司
安徽文艺出版社
安徽省文化和旅游厅组织编写

图书在版编目（ＣＩＰ）数据

皖美民宿运营指南/刘雪丹,齐炜编著.—合肥：安徽文艺出版社,2023.11
ISBN 978-7-5396-7856-6

Ⅰ.①皖… Ⅱ.①刘… ②齐… Ⅲ.①旅馆－经营管理－安徽 Ⅳ.①F727.54

中国国家版本馆 CIP 数据核字(2023)第 199007 号

出 版 人：姚 巍	策 划：孙 立
责任编辑：王婧婧　卢嘉洋	装帧设计：徐 睿

出版发行：安徽文艺出版社　　www.awpub.com
地　　址：合肥市翡翠路 1118 号　邮政编码：230071
营 销 部：(0551)63533889
印　　制：安徽联众印刷有限公司　(0551)65661327

开本：880×1230　1/32　印张：4.875　字数：100 千字
版次：2023 年 11 月第 1 版
印次：2023 年 11 月第 1 次印刷
定价：45.00 元

（如发现印装质量问题，影响阅读，请与出版社联系调换）

版权所有，侵权必究

目 录

第一章 民宿概述 / 001

　　第一节　民宿概念 / 003

　　第二节　民宿的发展历程 / 008

　　第三节　民宿的角色与意义 / 017

第二章 民宿规划设计指南 / 023

　　第一节　开办调研 / 025

　　第二节　民宿选址 / 039

　　第三节　民宿设计 / 049

第三章　民宿开办指南 / 061

　　第一节　民宿建设施工要点 / 063

　　第二节　民宿审批流程 / 069

　　第三节　民宿运营组织架构 / 078

　　第四节　民宿运营理念 / 085

第四章　皖美精品民宿鉴赏 / 089

主要参考文献 / 150

后　记 / 152

第一章

民宿概述

第一节 民宿概念

关于民宿的概念,不同的国家和地区一直以来没有统一的定义。欧美早期的民宿指的是农民租赁给游客作为住宿场所的自家闲置房屋,典型代表是英国B&B(Bed and Breakfast)民宿模式,有Family Inn、Pension、Homestay、House Hotel等不同的称谓,日本称之为"Minshuku"。M.M.Alstair等认为民宿指的是居民出租给旅游者的闲置住宅,并为旅游者提供一种能够亲近自然、体验具有浓厚乡土气息的特色文化活动;Jackie Clarke认为民宿是能够为旅游者提供一种旅游环境体验的住宿产品;Timothy认为民宿是建设在乡村的住宿和餐饮服务设施,同时为旅游者提供当地居民的日常生活方式和特色文化体验活动。

相对于欧美和日本,中国关于民宿的概念更为宽泛,呈现中国特色——"家庭副业",也是一种业态和经营模式。2001年,中国台湾地区出台的《民宿管理办法》(2010年修订)将民宿定义为"指利用自用住宅空闲房间,结合当地人文、自然景观、生态、环境资源及农林渔牧生产活动,以家庭副业方式经营,提供旅客乡野生活之住宿处所"。杨欣、潘颖颖、李德梅、代慧茹、李沛沛和单文君等将民宿定义为:人们自己经营自用住宅的闲置房间,为前来体验当地自然生态景观、人文活动和生产生活方式的旅游者提供住宿场所。

2016年12月5日,浙江省人民政府在《关于确定民宿范围和条件的指导意见》(浙政办发〔2016〕150号)中,将民宿定义为"民宿(含提供住宿的农家乐),是利用城乡居民自有住宅、集体用房或其他配套用房,结合当地人文、自然景观、生态、环境资源及农林牧渔业生产活动,为旅游者休闲度假、体验当地风俗文化提供住宿、餐饮等服务的处所。民宿的经营规模,单栋房屋客房数不超过15间,建筑层数不超过4层,且总建筑面积不超过800平方米"。

2020年9月17日,北京市市场监督管理局发布《乡村民宿服务要求及评定》(DB11/T 1752—2020),将乡村民宿定义为"利用位于农村地区的居民自有住宅或其他合法建筑，结合本地人文环境、自然景观、生态资源及生产、生活方式，为旅游者提供住宿、餐饮服务的场所"。

2021年3月22日，广东省旅游协会发布的《旅游服务质量评价规范》（T/GDTAS 1.2—2021），将民宿定义为"利用自有或有使用权的住宅、集体用房或其他设施开办的，结合当地人文、自然景观，民宿主人参与接待，为旅游者体验当地自然景观、特色文化与生产生活方式等提供住宿、餐饮等服务的小型住宿设施，包括但不限于客栈、庄园、宅院、山庄、家庭旅馆、青年旅社、乡村旅社、围屋、碉楼等"。

2017年，中华人民共和国国家旅游局发布了首个民宿行业标准《旅游民宿基本要求与评价》（LB/T065—2017），提出民宿的界定，即"利用当地闲置资源，民宿主人参与接待，为游客提供体验当地自然、文化与生产生活方式的小型住宿设施"。

2017年，住房和城乡建设部、公安部、国家旅游局联合印发了《农家乐（民宿）建筑防火导则（试行）》，将农家乐（民宿）定义为"位于镇（不包括城关镇）、乡、村庄的，利用村民自建住宅进行改造的，为消费者提供住宿、餐饮、休闲娱乐、小型零售等服务的场所"。

2017年，国家质量监督检验检疫总局发布《国民经济行业分类》（GB/T 4754—2017），正式将民宿纳入国民经济行业分类中。其中"民宿服务"（代码6130）指的是"城乡居民及社会机构利用闲置房屋开展的住宿活动和短期出租公寓服务"。

2018年，中国饭店协会发布团体标准《民宿客栈经营服务规范》（T/CHA 001—2018），其中民宿客栈是指"以通过合法方式取得的自有或租赁的居所为基础，依托当地民俗与建筑，以自然景观、人文资源、生态资源为特色，提供主人化服务的、多元化体验的记得住乡愁的住宿设施"。

2019年，文化和旅游部发布旅游行业标准《旅游民宿基本要求与评价》（LB/T 065—2019）（2021年修订），其中旅游民宿是指"利用当地民居等相关闲置资源，经营用客房不超过4层、建筑面积不超过800㎡，主人参与接待，为游客提供体验当地自然、文化与生产生活方式的小型住宿设施"。

2020年，国家市场监督管理总局发布国家标准《乡村民宿服务质量规范》（GB/T 39000—2020），将乡村民宿定义为"位于乡村内，利用村（居）民自有住宅、村集体房舍或其他设施，民宿主人参与接待，方便客群体验当地优美环境、特色文化与生产生活方式的小型住宿场所"。

国内外的政府、行业管理部门以及专家学者，从不同的角度对民宿的定义或内涵进行了不尽相同的表述，但究其本质，民宿还是有着以下三个方面的共同内涵：

第一，民宿的载体是闲置的空间。

第二，民宿的核心是在地文化与环境，民宿的重要吸引力是其独特的在地文化性，还有具有地方特色的建筑元素符号、乡土民风和家庭式的服务。

第三，民宿不仅仅是一种住宿设施，经营者需要依托当地环境，为旅游者提供在地生活方式体验、有特色的休闲度假模式等新型旅居方式。

综上所述，本指南认为，民宿是指城乡居民及社会机构利用自有或租用的闲置建筑，依托在地文化历史、民俗活动、自然环境、生态资源和生产生活方式，为客人提供旅游休闲度假、在地文化体验以及住宿和餐饮等服务内容的旅游服务场所。

第二节　民宿的发展历程

关于民宿的起源，人们广泛认为近代民宿兴起于欧洲的英、法等国家，后来发展到美国，二战后扩展到亚洲的日本、韩国和中国台湾。民宿最初开始出现是因为人们在旅行中，由于目的地住宿设施的不足，人们就近在当地居民家借宿，村民收取相对低廉的费用，属于一种"家庭副业"。后来随着社会经济的发展，特别是在二战之后，乡村休闲旅游逐渐成为欧美的一种新的旅游业态。随着大众旅游和乡村旅游的迅猛发展，民宿逐渐成为一种潮流，成为一种经营的行业。

一、国外民宿的起源与发展

国外民宿的起源最早可以追溯到公元前5世纪的古希腊,因为大量朝圣信徒拥入,受场地的限制,当地寺庙或百姓家开始为旅客提供简单的住宿和饮食。英国是欧美民宿发展最早的国家,日本是亚洲民宿发展最早的国家。

(一)英国民宿的发展

20世纪60年代初期,英国西南部与中部部分家庭人口较少的农民,改造自家闲置的房间,为旅游者提供简单食宿服务。这种B&B(Bed and Breakfast)的经营方式是英国最早的民宿模式,可以为农民家庭增加收入,属于家庭式的招待。现在,英国民宿发展获得了政府的大力支持,拥有完善的法律规范体系和等级评定制度,分为登录(listed)、一皇冠(1-crown)、二皇冠(2-crown)和三皇冠(3-crown)4个等级。

(二)法国民宿的发展

二战结束后,法国百废待兴,城市人向往宁静的田园度假生活，但由于可支配收入有限，农民就利用农舍来接待度假旅客，满足了城里人的住宿需求，促进了法国民宿的发展，同时为处于经济困境中的农民增加了一些额外收入。法国民宿也是采用B&B（Bed and Breakfast）的经营方式。法国民宿的发展获得了政府资金的支持。法国政府还通过成立民宿联合会、印发《民宿指南》、推出"法国民宿"品牌和建立"一支麦穗"至"五支麦穗"的民宿等级评定制度，让法国民宿得到了快速发展。

（三）日本民宿的发展

日本将民宿称为"Minshuku"，它是亚洲最早发展民宿的国家。20世纪20年代，日本伊豆半岛和白马山麓的农民开始为滑雪和登山旅游者提供食宿并收取一定的报酬，同时为旅游者提供向导服务。20世纪60年代，在快速复苏的经济的推动下，日本旅游业也得到了快速的发展，旅游地区特别是乡村旅游地区，由于住宿空间不足，洋式民宿（pension）在日本开始兴起。20世纪70年代，日本掀起了一股民宿发展的热潮，以北海道为代表的农场地区农户，以副业经营的方式为旅客提供食宿，以此来增加家庭收入，农

家民宿（Farm Inn）也由此产生。目前，日本对民宿的开办采取许可制和严格的规范化管理，分为洋式民宿和农家民宿两种经营方式。

二、中国民宿的起源与发展

关于中国民宿，人们广泛认为其起源于20世纪80年代的中国台湾地区，受到日本民宿的影响较多。20世纪90年代民宿开始出现于中国大陆，后来，随着乡村旅游的蓬勃发展而迅猛发展，逐渐成为一种新的住宿业态和经营方式。

（一）中国台湾地区民宿的发展

20世纪80年代，民宿开始出现于中国台湾地区的垦丁景区。由于旅游行业的发展，垦丁景区附近的旅馆供不应求，于是当地自家有闲置房间的居民开始开办民宿，为前来登山的旅游者提供简单的住宿。1991年，中国台湾地方政府为了增加当地居民收入，扶持当地居民利用家庭闲置房屋与当地独特环境开办民宿。随之而来越来越多的地区的居民也开始将家庭闲置房屋改建或新建楼房开办民宿，供游客住宿。因为民宿的主人大多是当地人,所以也带动了当地的观光旅游产业快速发展,再加上中国台湾地区有关部门大力推动"传统农业"向"观光农业"转型,也进一步刺激了民宿发展,使民宿产业成为中国台湾地区一个新的乡村旅游产业。2001年,中国台湾地区开始推行周末双休制,这增加了旅游者的休闲时间,推动了旅游行业的发展。同年,随着《民宿管理办法》的出台,中国台湾地区的民宿发展又迎来了大好机会,民宿发展进一步规范,产生了垦丁伯利恒、天空的院子和见晴山庄等知名民宿。中国台湾地区早期的民宿无论是建筑形态、设计风格还是经营理念等都深受日本民宿的影响,后期不断得到开拓和创新,最终形成了具有台湾本土特色的民宿。

目前,中国台湾地区的民宿经营规模大多在5至15间客房,其中5间客房以下的民宿空间总面积要求不超过150平方米,15间客房以内的民宿空间总面积不得超过200平方米,分为现代、异域、唐式以及乡村等多种不同的设计风格,充分满足了不同旅游者的消费需求。同时,从事民宿运营的民宿主人和服务人员都经过了专业的培训,具备良好的素质和高质量的服务能力。

（二）中国大陆民宿的发展

中国大陆民宿起步相对较迟，20世纪80年代四川都江堰地区的"农家乐"被认为是民宿的雏形。20世纪90年代，中国大陆农民自发创办的民宿开始发展。2003年，"家庭旅馆"的概念被引入中国大陆。2008年，大陆第一家当代民宿"小园"出现在北京市怀柔区慕田峪村，是由外来投资者修复和改建闲置农宅和废弃小学校而成。2011年前后，中国大陆民宿发展迎来爆发期，以德清县莫干山区域为典型代表，大量规划师、设计师、媒体从业者等，带着"乡愁"与"情怀"来到乡村与农民合作，利用闲置（废弃）农宅、生产设施（如砖窑）等，开办精致化和个性化的当代民宿。这种模式很快就由莫干山向长三角、珠三角、京津冀和传统旅游目的地快速扩张，迅速填补了乡村旅游目的地住宿空间的不足，满足了旅游者个性化的消费需求。同时，以德清和松阳等地为代表，地方政府从政策和管理等制度层面为民宿发展全面保驾护航，民宿成为乡村建设、精准扶贫、传统村落保护和乡土文化传承保护的重要力量。

随着民宿市场的不断扩大，从国家到地方政府都开始重视民宿的发展。2015年，国务院首次在《关于加快发展生活性服务业促进消费结构升级的指导意见》中提出，要积极发展客栈、民宿等细分业态。2016年，国务院出台《关于促进绿色消费的指导意见》，又提出要有序发展民宿出租。2017年，国家旅游局颁布了《旅游民宿基本要求与评价》标准，2019和2021年文化和旅游部又进行了两次修订。从2018年开始，各地政府纷纷出台促进民宿发展的政策，快速消除了民宿市场准入的制度障碍，民宿数量迅速增长。目前，中国大陆民宿已经成为投资风口，民宿投资主体多元化，呈现出品牌化、资本化和集群化的发展特点。

（三）安徽民宿的发展

2005年，黄山市黟县西递村猪栏酒吧悄然开业，拉开了安徽民宿发展的序幕，一批以古民居古建筑利用改造为主的民宿客栈新业态逐渐兴起，黄山成为安徽民宿发展的起源地。相对全省其他地区，黄山民宿起步早发展快，2015年召开的首届全国民宿大会，推出了"徽州民宿"品牌，提出了"民宿，从黄山出发"。2016年，黟县荣膺"中国十大乡村民宿发展示范县"称号。2017年，黄山市在全省率先推出了

《徽州民宿质量等级划分与评定》地方标准。2018年，黄山市荣获"全国民宿产业发展示范区"称号，成立了全省第一家民宿协会——徽州民宿协会。

随着2017年国家旅游局颁布并实施《旅游民宿基本要求与评价》行业标准，安徽民宿发展进入了快车道，各地民宿数量稳步持续增长，民宿整体规模不断扩大，从区域分布情况来看，皖南、皖中、皖西、皖北呈现出明显的梯次层级，黄山市一家独大，占据了较大的市场份额。就市场规模来说，与苏、浙、沪等地区相比，虽然近几年来安徽省除黄山市以外的其他地区民宿也呈现出快速发展的趋势，但民宿行业的总体规模仍然相对较小。据不完全统计，目前安徽民宿的数量已有4000多家。随着消费者对于旅游体验需求的不断升级，安徽民宿行业仍然具有较大的发展潜力。

为了加快和规范民宿业的发展，安徽省各级政府纷纷出台了相关政策、规范和标准，成立了各类行业组织，如黄山市在全省率先推出了《徽州民宿质量等级划分与评定》，六安市出台了《大别·乡宿基本要求与评价》（DB 3415/T 48—2022），黄山市黟县制定了全省首个民宿团体标准《黟县民宿管家服务规范》，六安市金安区编制了《金安区旅游民宿产业发展规划（2022—2030）》，等等。2021年，安徽省人民政府办公厅出台了《关于促进旅游民宿发展的指导意见》（皖政办〔2021〕2号），积极适应旅游市场变化，培育市场热点，促进乡村旅游转型升级，引导民宿业高质量发展。

总的来说，到目前为止，安徽省民宿的发展实现了以下三个转变：一是实现了由"少"到"多"的转变。与浙江等发达地区相比，安徽省民宿发展起步晚、起点低，这与经济社会发展所处的阶段密切相关，但是经过上下齐心的共同努力，安徽省民宿从零开始，已经有了4000多家，发展速度和发展质量都走在中西部地区的前列。二是实现了由"点"到"面"的转变。安徽省民宿发展最先从黄山市开始，起初也只是零星的点状布局，现在各市基本都有了，而且部分地区呈现块状布局的集聚发展态势。三是实现了由"乱"到"治"的转变。发展初期，安徽省民宿是市场驱动下的自由生长，出现了一些土地、环保、消防、卫生等方面的问题。目前，很多市、县都出台了文件予以规范，安徽省也加强顶层设计，出台指导意见，促使民宿逐步走上规范化发展的道路。

第三节　民宿的角色与意义

民宿不仅仅是住宿设施，更是体验在地生活的微度假旅游目的地，具备"有颜值、有故事、有文化、有乡愁、有品位、有体验、有服务、有口碑"八大特点。高颜值是民宿从众多竞争者中脱颖而出的重要因素，但有故事的民宿才是一个完整的民宿。民宿要把在地的文化故事讲好，才能让游客有独具一格的体验，而乡愁是在地文化中最美好的记忆，更是一种难以抵挡的诱惑。文化要体现在民宿内部装饰细节中，它能瞬间提升民宿的品位。同时，民宿还需要有除了住宿以外的多元体验项目，特别是度假体验，更要提供个性化的服务内容，因为好的服务会成为口碑营销的关键。在互联网时代，民宿经济也是粉丝经济、口碑经济，在新时代旅游发展中扮演着重要的角色。

一、民宿发展的缘由

在新时代背景下，民宿发展既可以满足人们对"田园牧歌"生活的想象，让人们体验慢节奏生活，欣赏美丽宜人的乡村风景，又可以将特色文化、乡土风情与文化旅游产业相结合，以此撬动乡村发展，同时带动相关产业发展，实现农民增收，提高农民积极性。目前，民宿发展主要有以下三个方面原因：

一是逆城市化产生了民宿需求动机。城市人群"回归"乡村，不是简单地离开城市，他们追寻的是一种在地的具有乡村野趣的生活方式，渴望能与这种乡村生活方式产生共鸣。因此，民宿可以满足城市消费人群返乡的住宿体验需求，成为他们与乡村、乡土、乡亲和乡情对话的载体。

二是农家乐转型升级加快了民宿发展的步伐。新时代的大变革促使旅游市场迎来新的变局，旅游消费市场也出现了新的需求，在旅游高质量发展的要求下，曾经促进中国乡村旅游发展的农家乐需要转型升级。如今，部分农家乐开始向民宿转变，实现由"吃住两点式服务"向"乡村生活服务综合体"的转变。

三是土地政策松动为民宿发展提供了空间。随着社会经济的发展，居民的自住房间增多，再加上大量村民进城务工，乡村出现了较多的"空心村"。同时由于农村宅基地"三权分置"政策的实施，适度放活了宅基地使用权。这些都让社会资本进入乡村成为可能，为民宿发展提供了建筑空间和资本渠道。

二、民宿角色

新时代的旅游需求不仅在风景，更在风情，在于在地生活的场景设置。民宿客人更在意民宿的品质、文化体验和度假需求，享受家的温暖和归属感。民宿需要为游客呈现"美丽的意境"，丰富"美丽的世界"，提供"舒适"的住宿条件，带来"舒适"的度假体验，提供"温情"的入住服务，留下"温情"的度假回忆。同时，作为产业的民宿更能带动乡村产业的发展，成为乡村振兴的重要引擎和抓手，"小民宿"可以撬动"乡村大发展"。民宿的角色主要体现在以下五个方面：

一是"品质酒店"的民宿。首先，民宿必须满足住宿需求；其次，民宿是酒店品质的升级版。

二是"度假目的地"的民宿。民宿突破传统要素，以"特色民宿+"的模式发展，成为新型的微度假旅游目的地。

三是"体验在地文化"的民宿。以民宿为载体，加强对民俗文化等的挖掘和利用，将在地文化元素有机植入民宿中，打造具有景观美学、文化内涵的精品民宿。

四是"家"的民宿。民宿相较于酒店，更要注重房客的体验感，让客人真正有一种到家的温暖和归属感，从而以情怀留住游客、本地居民、外来投资者，为乡村发展聚集动力。

五是"产业带动"的民宿。民宿对乡村经济的带动不止于住宿，还有当地就业以及餐饮、农作物销售等。民宿的产业带动、集群引领作用，主要是通过政府先行建设民宿，形成民宿示范效应，以此带动整村其他产业共同运营，从而实现乡村振兴、集体增收、农民富裕的目的，以民宿"小切口"博取经济"大撬动"，充分带动乡村经济发展。

三、民宿发展的意义

民宿发展不仅是一种旅游现象，更深层次可以说是一

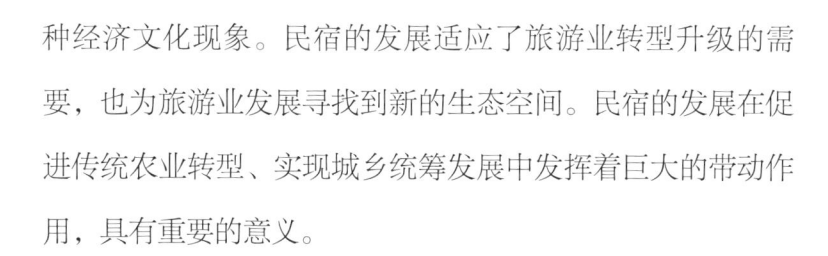

种经济文化现象。民宿的发展适应了旅游业转型升级的需要，也为旅游业发展寻找到新的生态空间。民宿的发展在促进传统农业转型、实现城乡统筹发展中发挥着巨大的带动作用，具有重要的意义。

（一）推动乡村振兴与和美乡村建设

在城镇化发展过程中，中国乡村由传统的"全耕社会"向"半耕社会"演进，大量青壮年村民进城务工，农村出现了大量的"空心村"，留守在农村的多是老人、妇女和小孩。在城镇化等因素的影响下，乡村文化受到现代文化前所未有的冲击，传统文化中原有的"仪式感"被消解，传统村落的传统文化逐渐被村民所淡化或淡忘。而民宿的发展需要依托在地的传统文化、自然环境和基础设施等，可以整合乡村各项发展资金，改变乡村村容村貌，完善乡村基础设施和公共设施，增加农民就业岗位，提高农民收入，提升乡村居民的生活幸福指数，提高乡村居民的文化自觉，实现乡村文化的传承与创新，这些将成为乡村振兴与和美乡村建设的重要推手。

（二）促进城乡协同发展和旅游行业提档升级

民宿的发展促进了农业产业结构的调整和生产方式的改变，通过带动相关产业延长了服务链，实现了城市和乡村互动互通，促进了城市与乡村在经济、文化、理念等多方面的交融，对于城乡的协调发展意义深远。同时，民宿的发展有利于乡村旅游增强文化特征、提升服务功能，大大提高了乡村旅游的品质，促进了乡村旅游的提档升级，推动了酒店行业由星级标准化向非标准化转型，引导市场的休闲住宿与体验观念向追求个性化转变。

（三）满足了乡村创客和工商资本投资需求

民宿是一种小型的个性化旅游住宿产品，由于投资规模不大，既符合了一批进城务工成功人员"凤还巢"的返乡创业投资要求，又满足了一批具有"乡愁"情怀的城市人群下乡投资的需求，通过回乡、下乡和创业，一定程度上重塑了80、90、00后年轻人的价值观，引领他们走向乡村社区再造和乡建运动，成为乡村创客和新农人，为"大众创业、万众创新"提供了广阔的天地。

第二章

民宿规划设计指南

第一节　开办调研

民宿作为一种新的旅游业态，不仅仅是住宿设施，也是体验在地生活的文化旅游目的地，能够帮助消费者实现回归自然、放松身心和愉悦精神的价值追求。作为住宿设施，民宿不同于普通酒店，它满足了旅游者的个性化需求，成为住宿业细分市场的新生力量和重要组成部分。中国不同区域的地理区位、自然环境、文化历史、经济发展等存在差异，再加上民宿的细分消费市场需求以及消费者行为特征各不相同，这些都使得每一个民宿的开办都是千差万别的，因此，在开办民宿之前进行开办调研至关重要。

一、调研方法

（一）调研方法

调研分为定性和定量两种类型。定性调研的目的在于发现问题以及寻找解决问题的方案，而定量调研是用来测试衡量上述方法是否可行、有效的。定性调研常见的方法有文案调查法、焦点小组访谈法、观察法等；定量调研最主要的方法是问卷调查，主要是通过电话、信函、互联网和面对面交谈，获取有价值的定量数据。在具体操作中，可以将以上多种调查方法组合使用。

1.文案调查法

文案调查法是定性调研的一种方法，收集的是二手资料，主要是收集前人为了其他目的而收集的数据或得出的结论。

2.观察法

观察法是在被调查者不知情的情况下，通过观察被调查者的活动取得第一手资料的方法。运用观察法，调查员不与被调查者正面接触，被调查者感觉不到测试压力，是一种自然状态下的测试，因而常能获得令人信赖的调查结果。调查

者既可以在民宿内直接观察消费者的行为，也可以借助诸如摄像机、监测探头等仪器设备记录被调查者的行为，如观察民宿客人喜欢的客房类型、食物，喜欢的娱乐方式以及喜欢停留的空间等。在实施观察法前，通常要拟定一份比较详细的观察计划，包括拟观察的对象、时间、地点、内容、难点以及克服方法、所需材料与设备等。

3.焦点小组访谈法

焦点小组访谈法是一种定性调研方法，即邀请7—10名被调查者，由调查员（主持人）对他们进行访谈，通常又称为座谈会。在主持人的引导下，焦点小组按照一定的谈话路线，回答主持人的问题，并且互相进行讨论。为使访谈富有成效，焦点小组访谈法需要遵循以下步骤：

（1）制订计划。按照访谈主题和调查对象的特点，拟定访谈提纲或谈话路线，使访谈能够达到预计目的。

（2）选择参加者。焦点小组的组员是调查对象的代表，可以通过抽样获得，也可以由调查机构通过主观判断筛选获得。

（3）选择主持人。主持人需要了解调查主题，有协调和掌控讨论过程的能力。

（4）选择或布置环境。焦点小组访谈要求在没有压力的环境中进行，如某人家中、咖啡厅、公园或花园等。

（5）访谈过程控制。在访谈过程中进行协调，引导小组讨论，使讨论尽量按照访谈提纲进行，做好讨论记录。

（6）分析访谈结果。对访谈结果及时整理分析，编写访谈报告，有必要时需进行补充调查。

4.问卷调查法

问卷调查法首先根据调查目的设计问卷内容，然后采取抽样调查的方式抽取调查样本，通过调查员对样本的访问，完成事先设计的调查项目，最后由统计分析得出结果。问卷调查法可分为邮寄问卷调查、电子邮件调查、电话访问调查等，也可以通过如问卷星等专业网站进行。

（二）调查问卷设计

在问卷调查中，设计问卷是非常关键的环节。调查问卷设计得是否科学合理，决定着问卷的回收率、有效率，进而影响到调研的效果。

1.调查问卷的基本结构

一份完整的调查问卷包括以下部分：问卷标题、封面

信、主体调查内容、被调查者基本情况。

（1）问卷标题。一般由调查的对象和内容再加上"调查问卷"组成，应简明扼要、清楚明确、主旨突出。

（2）封面信。一般应包括如下内容：①称呼、问候；②调查人员的自我介绍，调查的主办单位及个人的身份；③本次调查的目的、意义，简要说明即可；④填写问卷所需的时间说明；⑤保证作答对被调查者无负面作用，并替他保守秘密；⑥向对方的合作表示真诚谢意。封面信的语言要亲切、有礼、简洁明快、态度真诚，要使被调查者消除顾虑，乐于配合填写问卷。

（3）主体调查内容。包括具体问题、备选答案、回答说明和编码，其中，具体问题是围绕调查主题而设计的一系列问句，如民宿消费者的客源地、旅游频率、消费偏好（客房、食物、娱乐等）、消费水平、住宿天数、同行人员、出行方式等。

（4）被调查者基本情况。包括其性别、年龄、文化程度、从事职业、收入等。该部分可以放在主体调查内容之前，也可以放在主体调查内容之后。

2.调查问卷的设计

调查问卷中所涉及的问题主要有三种形式，封闭式问题、开放式问题和量表应答式问题。

（1）封闭式问题。封闭式问题指对所提出的问题给出可供选择的答案，被调查者只在既定的答案中进行选择。具体到民宿调查问卷，最常见的封闭式问题有三种：两项选择法，即由被调查者在预先给定的、相互对立的两个答案中选择其一；多项选择法，即对所提出的问题预先给出若干答案；顺位法，即要求被调查者对所询问问题的答案按照自己认为的重要程度进行排序。

（2）开放式问题。开放式问题指对所提出的问题，不给出应答的备选答案，被调查者可以畅所欲言，不受限制地回答问题。

（3）量表应答式问题。量表应答式有多种类型，最基本的有评比量表和语意差别量表两种。

总体来说，一份有效的调查问卷有集中、简洁和明了三个显著特征。集中，指所有调查的问题都必须围绕调查目标而展开，无关或关系不密切的问题不出现在问卷中；简洁，指问题及答案的描述应简明扼要，问卷不能繁复冗

长；明了，指问卷中的措辞清楚明白，使被调查者易于理解，便于回答。

二、调研内容

民宿的开办受诸多因素的影响和制约，因此，详细调研民宿所在区域的区位交通、自然环境、文化历史、市场流量、消费者行为特征和目标客户层次，以及配套的餐饮设施、旅游吸引物、规模特色、营业时间、消费水平等相关情况，并进行科学分析，是民宿开办和选址决策的重要基础和依据。

（一）民宿所在区域情况调研与分析

1.区位交通

民宿的区位在很大程度上决定了民宿的市场流量、客源构成和商业盈利模式等。从目前民宿发展的市场来看，旅游景区、旅游度假区等有着核心旅游吸引物的区域，以及城市及城郊区域，特别是经济发展水平高且旅游产业比较发达的城市及周边，都属于自带市场流量的区域，因此这些区域的民宿市场流量较大,盈利空间大。

随着经济社会的发展,人们的学习、工作、生活节奏越来越快,时间和距离成为消费者决策的重要因素,因此,便捷的交通能够为民宿带来较大的客流量,从而提高民宿的盈利水平。交通条件的调研主要从交通可达性、交通便利性和交通配套设施等三个方面进行。交通可达性主要是通过调查区域内的高速公路、机场及高铁等情况来了解交通可达程度。交通便利性主要是通过调查是否有抵达民宿或民宿所在区域的便捷性交通工具来了解便利程度。交通配套设施主要是调查民宿所在的区域内是否具备完善的交通设施,因为完善的交通设施是高效吸引游客的基础。

2.自然环境

民宿实现了消费者回归自然、放松身心和愉悦精神的价值追求,由此可见,优越的自然环境是民宿选址的重要基础条件。因此,需要分析民宿所在区域的水土气候、生态环境和景观独特性等相关情况。

气候影响着民宿的客流量和运营时间,常年宜人的温度和光照、适度的降水是保障民宿长久有效运营中最重要也是最稳定的因素。同时,水土气候条件也会影响民宿的装修材

料，因此，在民宿开办和建设前，需着重分析当地的气候条件及其变化，选择合适的装修材料。大多数民宿消费者是想体验民宿所在地优美的原生态住宿环境，因此，民宿所处区域的生态环境直接影响消费者的决策，水质优良、绿化覆盖率高、空气清新、与周边环境协调的建筑风貌是民宿选址的理想生态环境。区域景观的高品质性和独特性意味着其在消费市场的竞争力强，AAAAA级旅游景区、国家级旅游度假区、世界遗产或者景观组合效果显著的区域等，都具有先天的吸引游客的效应，具有很大的市场竞争优势。

3.文化历史

民宿不仅仅是一种住宿设施，也是体验在地生活的文化旅游目的地。而在地文化历史的独特性，更能体现民宿定位的差异性。在地文化的独特性主要从文化历史的四个表征进行分析，即从元素符号、习俗仪式、重大历史事件和英雄式人物、生产生活方式及其体现的价值中，发现其有别于其他区域的在地文化的与众不同的特色，将其运用到民宿的设计、建设和运营中，提升民宿的品质和独特性。

元素符号包括建筑、语言、服饰、文字、水系、法律法规和科学技术等。习俗仪式包括生活习俗、节庆习俗和民俗活动等。重大历史事件和英雄式人物是指对中国历史和社会发展起到积极的推动作用的重大历史事件和重要历史人物。生产生活方式及其体现的价值包括生产方式、生活方式、消费方式、闲暇活动和精神文化生活、社会交往活动和宗教生活等，其中生产方式是指犁、水车等生产工具，以及耕作、酿酒、碾米、晒秋、打铁、扎彩等生产场景；生活方式是指劳动生活以及传统技艺、养殖种植等。

4.基础及配套设施

区域内的基础及配套设施对民宿的开办具有重要的影响，配套设施主要包括民宿开办地方的商业氛围，水电网络、道路交通、路灯照明、给排水系统等基础设施，以及周边商业超市、餐饮美食、公共交通、银行、娱乐设施、派出所、医院和其他配套的公共设施等。

（二）民宿市场相关情况调研与分析

1.民宿发展现状

民宿发展现状应从宏观和微观两方面进行调查和分析。宏观方面是对中国民宿行业发展现状及其趋势进行分析；微观方面是从民宿所在地的消费市场需求及民宿业竞争态势进

行分析。相关数据主要是通过查阅地方文旅主管部门发布的信息、各类旅游消费报告等资料获取，了解区域内年游客量及增长、年旅游收入及增长、月游客量、客源地、游客平均停留的天数及其消费水平等情况，以及民宿行业的整体市场规模和经营状况、发展的痛点等情况。掌握这些信息，有助于投资者在民宿选址时对该区域是否能够聚焦客源市场做出科学判断。

2. 民宿消费者

满足消费者需求是民宿运营的中心，因此，了解消费者行为特征及其差异，对民宿的客群定位和消费场景的设置至关重要。民宿在开办前，可以通过资料查阅、观察、焦点小组访谈和问卷调查等方法调查分析民宿消费者的行为特征，如民宿消费者的客源地、年龄结构、收入情况、旅游频率、消费偏好、旅游消费水平、住宿天数等情况，确定细分市场中的客户群体，从消费者的需求出发，设置民宿消费场景和产品。除了食宿以外，民宿客人还有着不同的消费需求，如度假式体验、社交场景、安静的环境，等等。

3. 民宿竞争者

俗话说"知彼知己，百战不殆"，了解民宿开办的区域内现有民宿设施、竞争对手运营情况等，分析竞争者的市场竞争能力以及市场占有情况，从而研判自身的竞争优势，围绕优势制定科学有效的竞争策略，是民宿开办前必不可少的一项工作。一方面了解竞争者的基本情况，如资金实力、运作经验、管理模式、社会资源、技术手段、人才及信息资源等；另一方面了解竞争者开展营销活动的情况，如价格区间、入住率、客户构成情况、市场占有率情况、市场推广手段，以及与自己相比有哪些优势与特点等。可从以下几个方面着手获取竞争者的相关数据信息：

（1）建立一个持续的民宿市场信息搜集小组。

（2）关注民宿行业媒体平台新闻、论坛及搜索引擎数据等。

（3）通过搜索引擎找到其他民宿的行业信息并订阅，进行民宿产品功能分析及对比。同时，互联网平台与自媒体也是很好的收集信息的渠道，其用户群体具备一定的前瞻性和市场趋势的导向性。

（4）关注其他民宿的官网或门户网站，了解其民宿产品的历史更新及促销活动等，也可通过了解民宿的经营财报获取其季度乃至年度盈利的数据。

（5）从其他民宿的内部市场、运营部门、管理层等处搜集信息。

（6）通过试住民宿，咨询竞争者客服，以技术问答等方式了解其他民宿的技术、市场、产品、运营团队规模及其核心目标。

（三）营商环境调查

民宿是新兴的旅游住宿方式，很多地方政策法规没有跟上民宿的发展速度，不同地区的政府对待民宿有着不同的态度。地方政府的政策支持对民宿的健康持续发展有着很大的影响，因此，民宿开办前，投资者应深入了解当地政府的相关政策和政府对民宿的态度等，其中相关政策主要包括宅基地、经营资质等资质政策和环保政策。

（四）民宿定位

民宿定位是指在前期针对民宿所在区域情况、民宿市场相关情况以及营商环境调研与分析的基础上，确定民宿等级、民宿规模、民宿结构和商业运营模式等。一是定位民宿客户消费群体，以及客人可以传播和接触到的潜在客户消费群体，如城市休闲消费群体，或"Z世代"（网络流行语，通常指1995年至2009年出生的一代人）的文艺青年消费群体等。二是定位民宿客户消费群体需求特征，首先对消费群体的消费习惯进行收集和对比，分析消费群体行为特征形成的动因，为消费群体"画像"，打上具有其独特属性的标签，也可以按照年龄、性别、习惯进行细分；然后根据客户消费群体的"画像"特征，设置消费场景和产品。

第二节 民宿选址

一、民宿选址的意义

好的选址是民宿项目成功的一半,可以说是决定民宿经营成败的第一要素。好的选址将显著提高实际运营的收益和降低成本,起到事半功倍的作用。一方面,科学的选址可以提高经营收益、降低运营成本;另一方面,科学的选址能够给入住客人创造差异化体验。好的选址能够融合优势资源,形成独特竞争力。而选址的重点之一是项目的可操作性,包括对地理位置、文化氛围、环境、设施、地方性材料的运用等方面的考量。好的选址是项目实现可持续良性发展经营的基本保障。因地制宜、顺势而为,独辟蹊径、量力而行,是项目选址的基本原则。

（一）项目定位

项目的市场定位是投入建设资金的重要基础，只有确定了目标客户群体的市场，企业才能提供正确的产品。市场定位大致包括客户定位、市场定位、品牌定位三个部分。策略规划的精确定位、地方特色文化的精准展示，奠定了项目的核心竞争力，而民宿则在定位的基础上延伸出品牌精神、人文内容。掌握民宿的选址布局等特征，一方面能够协助民宿投资商判断目标市场，做出有针对性的市场定位；另一方面细分市场的划分可以更好地满足目标客户的需求，提供符合他们偏好的住宿选择。

（二）竞争分析

民宿建设要建立商业的建设思路，它首先是一门生意，然后才是一项有情怀的事业。通过研究和分析民宿选址布局的规律，可以获取同行业内的资本背景、用户细分和市场缺口等信息，并进行比较研判。了解竞争对手的定位、设施、服务和价格等内容，可以制定差异化的经营策略，提供更有竞争力的产品和服务，快速提高市场占有率。

（三）风险评估

规避风险、保证投资安全是民宿开办建造的前提。土地性质、房屋性质、权属关系、当地政策、行业现状与投资规模等，这些都需要详尽的市场调查和策略规划。风险评估能够帮助民宿投资者评估市场风险，避免进入过度竞争的市场，降低创业风险。

二、民宿选址的关键要素

（一）政策环境

国务院在2015年发表的《关于加快发展生活性服务业促进消费结构升级的指导意见》中，首次提出"积极发展客栈民宿、短租公寓、长租公寓等细分业态"。且2016年国家发展改革委等十部门联合出台的《关于促进绿色消费的指导意见》中提到要鼓励个人闲置资源有效利用，有序发展民宿出租。

安徽省人民政府办公厅印发的《关于促进旅游民宿发

展的指导意见》中在组织保障中提到了三点：①强化组织领导。各相关部门根据职责分工，共同推动旅游民宿健康发展。文化和旅游部门负责推动制定旅游民宿相关服务标准，开展等级评定，加强优质产品宣传推广，指导开展经营管理业务培训。②强化资金支持。统筹省级旅游发展等资金，支持旅游民宿发展。积极提供金融支持，拓展经营主体融资渠道，降低融资条件和成本，服务旅游民宿发展。③强化人才培训。支持优秀人才返乡参与旅游民宿创业，鼓励招用本地农村劳动力。将旅游民宿规划设计人才、经营管理和服务人员纳入乡村旅游培训计划，着力提升管理水平，提高安全意识和应急处置能力，进一步建设懂经营、善管理、高素质、专业化的旅游民宿人才队伍。当地的政策影响着民宿是否能够健康持续发展。当地政府对民宿的管理以及证照的办理流程、难易程度等都会对投资造成重大影响。

物业产权是否明晰对民宿的投资也有着重要的影响。选择具备合法物业产权的地点可以为民宿提供合法经营的保障。确保物业拥有清晰的产权证明文件，并符合当地法律法规，可以避免法律纠纷和潜在的风险。此外，稳定的物业产权可以为民宿业主提供长期和稳定的经营环境。

（二）地理位置

《2016年中国民宿市场报告》中的数据显示，消费者在选择民宿时，最关注的因素是地理位置。以胡焕庸线为界，我国的民宿依托便利的交通条件和居民集聚区，主要集中在核心风景区、大中城市郊区等旅游热门区域。

消费者大都选择空气清新、生态环境良好，而且有着良好体验感以及轻松舒适的消费环境的民宿目的地。宜人的温度、光照、湿度及降水，不仅会影响客流量，也会影响项目的营运时间。在进行民宿选址之时一定要充分熟悉当地的情况，因地制宜，合理规划出设计、用材都适宜的民宿产品。

丰富的人文资源可以吸引更多的游客。人文资源包括历史遗迹、文化景点、传统艺术、节日庆典等，这些都能够为游客提供独特的旅行体验。选择一个拥有丰富人文资源的地方。例如，在历史建筑或文化村落中的民宿，能够让客人沉浸在独特的环境中，感受到当地的传统文化氛围。这种与众不同的住宿体验会增加客人对民宿的满意度，并可以产生深远的影响。

游客在住宿期间可以更好地了解当地的文化和历史，进一步增加他们对民宿的兴趣。资源越具有稀缺性和唯一性,其产品竞争力就越强。民宿应借助周边的自然条件因地制宜,同时应充分考虑区域的联动效应,与周边业态形成互动。

(三)周边配套

1.基础配套设施

附近的商业和服务设施,如选址地区的水电网是否完备,附近是否有停车场、餐厅、派出所、超市、药店等便利设施,以及距医疗机构、银行和邮局等服务设施的距离等,对于客人的住宿体验起到相对重要的作用。这些设施的存在可以满足客人的日常需求,而不健全的基础配套设施,会导致民宿开办和运营维护成本偏高。

2.旅游和娱乐设施

借助先天的旅游住宿市场,与周边娱乐、餐饮等旅游配套共同形成旅游区旅游服务体系。选择一个附近有吸引人的旅游景点和娱乐设施的地方可以增加民宿的客户流量和吸引力。这些景点可以是自然风光、文化遗产、主题公园、购物中心等。客人在住宿期间可以利用周边的娱乐设施丰富他们的旅行体验。

3.环境和卫生

选择一个安全和环境卫生良好的地方对于民宿的经营至关重要。投资者要综合考虑附近的治安、灾害风险以及是否有乱改乱建现象，垃圾处理和清洁服务是否到位，是否有污染型企业等，确保民宿内外环境能够给人带来舒适的入住体验。

4.交通

在民宿选址时，既要考虑远离喧嚣，也要考虑到交通的可达性与便利性。建议大多数民宿尽量选择在公共交通较为便捷的地方，距离旅游景点和主要城市的距离等也是需要考虑的因素。当然也有些个性化小众产品，虽然地处偏远闭塞的山区或草原高地，但因其私密性和领域感极好，能给部分消费者带来更加独特的消费体验，在满足基础设施配套的前提下也是一种投资选择。

三、民宿选址需关注的三大圈层

（一）主流消费圈

民宿除了情怀外，本质上还是一种商业行为。在寻找主流消费圈之前，首先要清楚主流消费圈在什么地方。城市化的进程使得人们开始追求一种亲近自然、回归乡土、享受自然的生活。民宿可以为旅行者提供难得的地域性人文、自然景观，并使之融入当地生活，体验不同于城市的乡野活动。因此，民宿受到越来越多的城市居民欢迎。

在消费者的朋友圈当中，共同的信息获得渠道与来源形成了"圈层影响力"。共同的兴趣爱好以及对生活方式的认同，催生了"私域流量"这一概念。在新媒体崛起的讯息时代，由"私域流量"形成的群体是消费的主力。发现并维护这一圈层，是对客流引入的最大保障。在消费结构转型升级的当下，圈层领导者的认知能力和认知品位对群体的扩散效应是不容忽视的。

（二）文化旅游圈

一方水土养育一方人。每个地方都有着独特的自然资源、文化资源，比如自然风景区、名胜古迹、历史文化街区、文物建筑、旅游度假区、乡村农庄等，将这些有利条件融入大的文、旅、农背景中去，考虑短期和长期的旅游出行半径，顺势而为，发展出真正属于自己的特色产品。

（三）自然生态圈

我国有着众多的历史人文景观和自然生态景观。民宿选在靠近旅游资源的位置，除了景区往来游客量大，有较大的住宿需求外，还在于成熟的景区周边有更多可供享受的地域风土文化、特色美食和特产消费的机会，让旅游者感受当地的特色魅力。这些旅游资源包括旅游景区、省级以上森林公园、度假区、风景名胜区、历史文化街区等。一般来说，民宿在空间布局上更倾向本地开发成熟的景区，并且集中在半径10千米范围内。以长三角地区为例：坐落在5千米半径范围内的民宿占比71.15%，坐落在5—10千米半径范围内的民宿占比17.52%，坐落在10—20千米半径范围内的民宿占比只有10.19%。

民宿的选址不一定要在条件最完美的地方，环境优美、自然景观得天独厚固然可贵，但有些独具人文特色、人文气息浓厚的地方也为很多投资客青睐。这主要取决于民宿主的经营定位，他想要给客户提供怎样的入住体验。比如一些即将消逝的充满回忆感的场所（建筑、村落、街区），老一辈人在特定历史条件下考虑的饮食、生活习惯、传统习俗、建筑材料、建材特性等，通过挖掘故事背景、传统生活、生产方式等再现过去人们的生存智慧，再注入适应现代人新的生活的便利设计，为民宿客人提供一处舒适而又难忘的体验空间。

第三节 民宿设计

民宿的设计不同于一般的酒店、客栈或住宅设计，它是一种全新的居住业态，是现代人一种新的生活方式和生活态度的体现。近些年在国家的大力引领下，我国的民宿产业得到蓬勃发展，逐渐呈现出多元化、专业化、地域化的特征。民宿这种居住业态需要由建筑设计、环境规划和生活氛围营造等多方面共同建构，好的民宿更加强调打造因地制宜的个性化、差异化产品。好的设计能够完美地呈现出一间民宿的设计风格和人文情怀，为民宿的可持续发展和运营打下良好的基础。

一、民宿的设计原则

（一）注重整体规划

整体规划是指在策划、设计、建设、运营管理一体化的思维模式下的规划，旨在通过对项目的前期调研、选址、市场定位、投资预算等为项目制定实施步骤和经营策略。

整体规划包括功能规划、功能布局、经济分析、经营策略等内容。完成后的总体规划经过论证，可以优化设计方案，为项目的修改与完善提供科学依据，提前预估成本投入和投资回报，对项目开办的风险做出准确预判，继而得出正确的结论并形成实操方案。

整体规划过程中要注重与局部设计相统一。对设计细节的完善也是一件好作品达成的必要条件。要做到设计过程中不留下任何遗憾和缺陷，能体现出业主和设计师高度的职业责任感。设计的目标是从整体到局部、从身体到心灵都给客人带来全新的入住体验。

（二）环境融合原则

民宿设计要与当地建筑风貌、周围风景相呼应，在展现建筑独特性的同时，也要与周围自然景观相协调，实现原有环境价值最大化。通过承袭优秀的在地传统文化，尽量利用当地的原生材料和技术，就地取材，避免高科技的硬性植入，从而再现当地的生活风貌。

民宿设计自始至终要将保护自然作为第一要素，与自然相融合，达到和而不同的境界。民宿在规划中，一方面要避免对周围环境的破坏，另一方面要营造建筑与自然相融合的氛围，从而避免过度设计，实现与周围生态环境的和谐发展。无论是室内还是室外，在材料运用上都应该尽量就地取材，以可持续发展为出发点，做到低碳环保、尊重自然，体现人与自然是生命共同体的理念。

（三）创意创新原则

产品要与时俱进，民宿设计虽然崇尚的是还淳返古的理念，但不等于陈旧落后，要想不断进步还需要结合现有市场的需求及新的设计理念不断进行改善和提升。

在确立了民宿的主题定位后，民宿的设计也要注重推陈出新、与时俱进。在激烈的竞争态势下，一成不变的产品必将遭到市场的淘汰。个性化的产品在创造过程中，通过新旧文化的碰撞，加入民宿主的个人审美经验和趣味，归纳出民宿设计传统与现代结合的最佳路径，找到协调创新发展的新模式。民宿设计中体现当地特色尤为重要，它可能会成为一个地区向外界展示其特色文化的重要媒介之一。只有就地取材，将再设计的手法融进民宿的设计中，民宿才能有独特的象征性和延续性。

民宿的规划设计必须充分挖掘民宿所在地的特性，进行有针对性的系统设计，在保留在地元素的过程中创新，避免同质化，让民宿迸发出新的活力。从客人的视角出发，模拟体验场景，定期设计活动内容，注入、再现当地的文化特色，提升客人的在场参与感和体验感，打造出令人难忘且回味无穷的人性化空间。

二、民宿设计的程序与步骤

民宿的设计通常涉及城乡规划学、建筑学、结构学、

给排水、暖通、机电设备、煤气、消防、建筑装饰材料、造价、景观设计、室内设计与陈设等内容，需要各行业人员共同协作完成。

设计工作的全过程一般分为实地调研、资料搜集、方案策划、初步设计、设计展开、模型制作、扩初设计、施工图绘制等几个阶段。设计工作常常是从宏观到微观、从整体到局部、从功能分布到空间构造，循序进行。

（一）总体规划

总体规划，又叫总体设计。它是指设计单位在进行初步设计之前要做出的一种轮廓性质的全面规划工作。其大致内容包括建筑总体平面布置，功能区的设计定位，内部交通、附属服务设施的空间布置，建筑格局和结构优化调整，以及与周围环境的各种功能配合和互相联系等。

（二）建筑（含改造）设计

建筑根据类型可以分为单体建筑和组团建筑、新建建筑和改造建筑。建筑设计的重点包括建筑物与结构、周围环境、外部条件、各类装置等有关方面的总体协调，室内和外观的艺术效果，室内空间的功能配比以及怎样以较小投入达到这些要求。设计的终极目的是使建筑达到合理、经济、牢固、优美的标准。

（三）景观设计

景观设计是自然与建筑之间的一种过渡方式，它将两者有机地连接在一起。现代景观设计的概念涵盖了风景园林、造园造景、传统庭院设计等，它强调三态协同，即"形态、生态、文态"三位一体。生态：遵循自然的规律；形态：考虑自身的风格与个性；文态：强调与人文历史文化相关的人们精神生活世界。

（四）室内与软装陈设设计

现代室内设计是一门在科学与艺术高度融合背景下的新兴交叉学科，是对建筑设计的进一步深化，是对室内空间和环境的再优化。现代室内设计运用一定物质技术手段和艺术审美，根据对象所处的特定环境，在建筑物内整合空间结构，并加以创新和利用，构成安全、健康、舒适、良好的室内环境，使其既具备实用意义，又能反映历史文脉、建筑风

格、景观氛围等。

软装陈设泛指室内一切可移动的部分，设计着重于提升室内美学环境，打造室内空间风格，彰显室内独特个性。软装可以比作空间的外衣，在空间中运用一些艺术装饰手法，在小投入大产出的同时对空间进行氛围营造，体现空间美感，甚至达到保值的目的。好的软装设计是民宿空间的点睛之笔，恰当的配饰选用能够充分展示民宿的文化内涵和要传达的生活态度。

（五）照明设计

照明设计，又称灯光设计，是室内设计中必不可少的。好的灯光设计能给使用者带来使用与精神上的双重舒适体验。照明设计可以分为室外照明设计和室内灯光设计，它不仅需要满足建筑空间内的基本照明需求，而且需要以较高的艺术审美来强化环境氛围的塑造。好的灯光不仅可以照明，还具有突出室内的焦点、点缀空间、调节氛围、提高室内空间设计层次感的作用。

三、民宿的设计风格

（一）现代简约风

现代简约风区别于古典风，强调功能本身的形式美。它造型简洁，反对过多装饰，重视材料自身的可塑性与价值，结合色彩、质感、肌理等，崇尚合理的结构工艺。简洁、自然、人性化、注重效率都是现代简约风的特点。

（二）古典风

在现代简约风出现以前，古典风统领世界设计的潮流。它严格遵循古典的等级制式，形制烦琐，造型严谨，其基本特征是强调对称和比例、气势雄伟宏大、空间尺度大、金碧辉煌。按照地域区分，古典风又分为西方古典和东方古典两种。西方古典以法国、意大利、英国等为代表；东方古典以中国、日本、韩国等为代表。按照时代划分，现在的设计风格已经发展出了一种全新的折中古典主义，即新古典风。这种风格介于古典与现代之间，结合了现代人的审美习惯与科学建造技术，造型趋简。

（三）自然风

注重天然材质的运用，色彩清新自然是这一风格的最大特征。自然风就地取材，不强调技术在空间中的比重，注重人与自然的深化与融合，所用的装修建材多为天然材料。自然质朴、闲适写意是很多人向往并追求的一种生活方式。侘寂风、田园风、地中海风、东南亚风等都属于这一类型，其中侘寂风追求淡雅节制、深邃禅意的感觉，现在较为流行。

（四）混搭风

混搭风是建筑与室内设计中一种灵活的装饰手法，在设计中不拘泥于风格的限制，将不同的元素进行融合，创造出一种杂糅、意味模糊的装饰感。混搭风注重空间的跳跃感和融合性，通过混搭的方式打造一个完美的空间。它不仅注重外在的装饰，还注重内在的平衡和舒适度。混搭风适合那些想要将不同风格的元素结合起来，打造一个独特、个性化空间的人群。无论是现代风、美式风还是其他风格，混搭风都能给空间带来全新的感受和体验。艺术风、工业风等都属于混搭风。

四、民宿设计的重点

（一）客群定位

近年来国内旅游业飞速发展，为民宿产业的发展奠定了良好的基础。在市场细分的大背景下，面对消费圈层的复杂多变，民宿产品要从体验者的感受出发。因此，民宿规划设计的前提是确定服务对象，明确自己的客群以及自己能够提供的体验和服务。民宿只有发掘出自己独具一格的特色与风格，做好客群定位，才能更好地实现自身价值。

（二）精致与个性

一般情况下，民宿的占地面积不会太大，拥有的房间数通常在几间到十几间。民宿的这种属性决定了它自身"小而美"的特点。民宿的设计不是追求规模与奢华，而是打造一种精致而又独具特色的生活方式。一幢民宿最吸引人的地方，一定是激发了游客对当地文化生活的好奇，或是对民宿主人生活理念的认同。个性化的呈现不仅能给客人带来新鲜的入住体验，也有利于后期宣传，为民宿的良性运转打下良

好的基础。

（三）健康与可持续

民宿最大的特点就是亲近自然，到自然中去，远离喧嚣。放松与惬意是现代人不可割舍的内心情结。民宿只有坚持独有的特色，紧抓规范化，保证生态友好，才能进入良性循环，持续且健康发展。

第三章

民宿开办指南

第一节 民宿建设施工要点

目前国内民宿的建造类型一般分为改造或新建，再或两者的结合。由于每家民宿所处位置的不同、功能需要的差异，民宿的建造也与一般城乡建筑有所不同。民宿建造需要运用科学的手段，结合在地现状，整合区域资源，在维持在地环境肌理和在地风貌的基础上，建造出可持续、实用性强的建筑作品。

一、办理相关证照，完善施工手续

民宿主和建筑师在项目开始之前，要对建筑本身进行实地的考察和走访，调研当地政策环境，明确土地房屋产权属性，签订租赁协议；如果是老房或旧房的改造项目，还需要进行结构安全评估和检测。在初步设计完成后，办理相关证件：施工许可证、营业执照、特种行业许可证、消防安全许可证、卫生许可证等。计划好施工节点，避免盲目上马引起纠纷，确保施工顺利推进。

二、施工队伍的选择

民宿建筑与庭院空间大多单体规模小、细节多，设计图纸完成后，首先要考虑施工预算和项目进度计划，慎重选择施工队伍并签订正式合同。

通常情况下，选定施工队伍的方法主要有两个：一是由设计师独立监工，施工队伍则可考虑本地或就近有经验的团队，但最好是较有经验的施工团队；二是业主或设计者自己有合适的施工队伍或装饰企业。从价格、施工管理知识和专业人才的服务等几个层面进行考虑，这既有利于各方对接，又可以提升施工效果，特别是建成后的服务，可以做到随叫随到、随时解决。

在施工队伍选择的环节上，业主需要重点对接总包单位、建筑师（设计师）以及现场施工员。

总包是指施工单位的总负责人或工程队老板，负责整个项目的进度安排、工人调度、材料采购、工程质量、安全责任等，是民宿建造过程中最重要的协调者与对接人。

施工员是贯彻理解民宿建造意图，将图纸落实到实际的重要角色，施工中对其技术水平要求很高，要有很强的读图识图能力。

好的设计是一家民宿开办成功的关键。民宿的建筑形象、内部空间、软装陈设、氛围营造等，会对其未来的经营起到重要的作用。建筑师（设计师）对业主意图的理解与转化，以及对整个建造过程的指导和把控，对整个项目的走向具有决定性影响。

三、施工须注意的事项

1.施工计划

编制详细的施工组织计划，对工程进行客观的评价，查找工程实施中的重点与困难。在科学合理的指导下，采取合理的预控制，保证项目有组织、有目标地实现预定的各项技术指标。

2.保障设施建设

现场三通一平，解决好临时管理用房和员工宿舍。

3.施工中的节点控制

施工节点控制应当从旧房（或老房）评估、检测加固到新建基础开挖、防护、墙地面砌筑工程、水电安装、门窗、屋面工程、室内装饰、周围环境施工、验收试运营等环节展开。民宿主可委托第三方施工监理全程监控，以减少风险并让其承担起协调设计师与业主、施工队三方的工作。

4.材料设备的采购

建筑材料要满足防火、环保耐用的要求，尽量选用当地材料，善用当地材料，这样不仅可以增加项目的本土特色，还能适当降低建设成本。关于软装和设备的采购，因为多为非标的定制类产品，需要提前考察有资质并且经验丰富的供应商，统一计划好生产周期，及时匹配好施工进度节点，以确保整体验收，按计划开业。

5.施工进度

控制施工过程中每个环节的进度，一旦发现有延迟的迹象，应及时协调、各方沟通，找到症结所在，并找出解决方案，保障整个项目的进度。

6.施工质量

百年大计，质量第一。质量在项目施工中尤为重要，结构安全、防水、防潮、水电、排污等隐蔽工程要选用上好的材料，热水、空调的供应要保证稳定，避免给以后的运营维修带来麻烦，确保后期运营无忧。

7.控制预算成本

合理调配资源，注意成本控制。控制不好成本，会给项目的正常运行以及后期的运营带来很大的压力。在施工过程中，各类项目支出庞大繁杂，要严格按照原先的预算进行控制，做到有计划、有节制。

8.竣工验收

施工结束后的竣工验收，需要由建设方提供相关证明文件，如质量检验合格证、安全检验合格证等。验收合格后，方可批准使用。施工结束退场之后，软装马上跟进布置，各类设备、设施陆续进场安装。

9.运营阶段

完成上述步骤之后，人员进场，设备调试，组织培训，并注意处理装修后现场的异味，之后就可以对外试营业了。民宿经营需要遵守环保、安全、消防等相关规定。

10.周边环境管理

协调好项目周边的邻里关系，做到不扰民、邻里关系友好融洽。处理好现场垃圾，保持环境整洁卫生。

第二节 民宿审批流程

目前国家对于民宿的审批还没有统一的规范与流程。因此,本节内容主要以安徽省人民政府办公厅印发的《关于促进旅游民宿发展的指导意见》(皖政办〔2021〕2号)中关于旅游民宿的开办条件,以及安徽民宿发展相对成熟的黟县人民政府印发的《关于促进黟县民宿业健康发展的实施办法(试行)》(政办〔2019〕3号)中的民宿申办审核为例,进行介绍。

一、民宿开办条件

安徽省人民政府办公厅《关于促进旅游民宿发展的指导意见》(皖政办〔2021〕2号)指出,开办旅游民宿需具备以下三个条件。

（一）基本条件

1.建筑物系合法建筑，产权明晰、无纠纷。

2.选址应符合所在地国土空间规划、旅游发展规划等。

3.新建、改建的建筑物应当符合国土空间规划的相关规定和有关工程建设强制性标准，依法设计、施工，确保建筑质量及消防设施符合国家有关规定。改建的建筑物，不得破坏建筑主体和承重结构，必要时应采取加固措施并进行安全鉴定，确保建筑使用安全。

4.利用闲置的文物古建筑开办旅游民宿，应当按照文物的级别报相应的公布机关审批同意后方可开设，不得改变文物古建筑整体结构和风貌，确保文物整体安全。

5.严格落实污水处理措施，配备必要的污水处理设施，经处理后排放的污水应符合相关标准和要求，或接入污水管网，实行统一收集处理。

6.应有固定和围闭的垃圾存放设施，实行分类处理，并及时清运。

（二）治安管理和卫生安全条件

1.配备必要的防盗设施，客房的门、窗必须符合防盗要求，设有供旅客存放财物的保管箱、柜。

2.配备的视频监控设施应覆盖出入口、接待处和主要通道，视频监控录像资料留存时间不少于1个月。

3.安装符合实名制管理要求的治安管理信息系统，并具有能够熟练操作的前台登记工作人员。

4.根据经营规模和项目，设置清洗、消毒、保洁、盥洗等卫生设施。

5.配备安全有效的设施设备，预防控制蚊、蝇、蟑螂、老鼠及其他病媒生物及滋生源。设置废弃物存放专用设施并保证能正常使用。

6.客房及卫生间通风良好，有直接采光或具有充足光线，供应冷、热水洗浴及清洁用品用具。提供的生活饮用水应当符合国家卫生标准。从业人员应持有健康证明，并经卫生知识培训合格。

（三）消防安全条件

位于镇（不包括城关镇）、乡、村庄，利用村民自建住宅改造的旅游民宿，消防基础设施、消防安全技术措施、消防安全检查等按照《农家乐（民宿）建筑防火导则（试行）》相关规定执行。上述范围外的，应符合《建筑设计防火规范》等要求。

二、民宿申办审核

《关于促进黟县民宿业健康发展的实施办法（试行）》（政办〔2019〕3号）中指出，建立联合审核工作机制，成立由旅游、公安、消防、卫计、市场监管等主管部门组成的联合审核小组，各部门根据职能，结合具体工作分别制定标准，明确并固定工作人员代表部门开展民宿审核和证照办理工作。成立联合审核，由县（区）民宿发展领导小组办公室牵头，统一受理、审核，以"一站式"方式进行现场踏勘和执法检查。

（一）业主提出申请，签署村委会意见后提交乡镇。

（二）乡镇实地查看，对经营用房的选址安全性、布局合理性和其他申办条件进行初审和公示，公示时间不少于7日，对符合条件的，签署意见后提交至县（区）民宿发展领

导小组办公室审核。

（三）县（区）民宿发展领导小组办公室牵头，组织联合审核小组进行实地核验，集体评审，并将评审结果一次性告知申请人。

（四）公安、消防、卫计、市场监管、税务等主管部门应当依法、高效、优质地为民宿业主办理相关证照，不得设置其他前置条件。

（五）对已经建好、已经经营的民宿，符合开办条件的，需补办审核手续；对不符合开办条件的，应当要求其限期整改，限期整改后仍不符合相关要求的，有关部门应依法处置。对于新建的民宿，应按照本实施办法申办审核后，方可营业。

（六）经联合审核小组实地核验、集体评审后，由县（区）民宿发展领导小组办公室认定、实行分级授牌，公安机关核发特种行业许可证。

（七）推广民宿产业智慧化营销平台，民宿业主需安装统一开发的智慧化管理系统，整合公安系统登记平台，建立集登记、统计、查询、数据反馈等功能于一体的民宿登记平台。

三、民宿的开办流程

（一）办理工商营业执照

所需材料

（1）经营者身份证复印件。

（2）经营者一寸彩色免冠相片。

（3）从业人员身份证复印件。

（4）房屋所有权证明（自家房）。

（5）租赁合同复印件（租用他人房间）。

（二）办理食品经营许可证

1.所需材料

（1）法人或负责人的身份证复印件。

（2）房产证明或房屋租赁合同（复印件）。

（3）从业人员健康证复印件及身份证复印件。

（4）工商营业执照复印件。

2.办事流程

办理"营业执照"→办理"健康证"→提交"食品经营

许可证"材料→现场勘察→办结（没有办结承诺时间）。

（三）办理公安消防许可证

1. 所需手续

（1）民宿法人代表到派出所开具无犯罪记录证明表。

（2）民宿开办者登记员工花名册，到派出所开具员工无犯罪记录证明材料。

（3）开办者整改民宿内的消防设施，接受派出所或消防部门的检验，合格后派出所或消防部门出具消防检查合格记录。

（4）开办者申请治安管理信息系统，安装视频监控，接受派出所检验，合格后派出所出具检查合格证明材料。

（5）民宿中没有保安证的兼职保安要到派出所申请保安报名表。

（6）派出所对民宿前台工作人员进行培训，培训后派出所出具书面证明材料。

（7）民宿开办者与派出所签治安、消防、反恐责任书。

（8）派出所进行首检，首检后派出所出具首检记录表。

（9）民宿开办者办理出租屋备案登记（租用他人房间）。

（10）开办者遵守民宿相关管理制度。

2.所需材料

（1）工商营业执照（副本）复印件。

（2）工商名称变更核准通知书（复印件）。

（3）法人身份证复印件。

（4）房产证明（如租房或转让，需提供租房合同或转让合同，因历史遗留问题没有产权证明的，应提供村委会或居委会开具的证明）。

（5）房屋平面图（含具体客房分布及数量、类型、房号）。

（6）房屋方位图。

（7）民宿照片（民宿正面、前台、房间、走廊、监控、消防设施等照片）。

（四）办理卫生许可证

所需材料

（1）从业人员健康证，健康证办理机构。

（2）卫生检测报告（对顾客用品、用具及空气质量进行检测）需委托第三方检测机构出具。

（3）场地布局图，电脑打印，标出布草间和消毒间位置。

（4）方位示意图，地图软件定位截图打印。

（5）卫生管理制度。

（6）营业执照。

（7）法人身份证（委托办理的委托书及被委托人身份证）。

（8）卫生许可证申请书。

（9）建设项目卫生审查认可书。

第三节　民宿运营组织架构

民宿的组织架构是指民宿内部对工作任务的分工、分组和协调合作的模式,是整个管理系统的框架结构,体现了民宿管理服务工作的职能。因此,一个设置合理、沟通顺畅、人工节约、服务高效的组织架构对民宿的健康可持续发展尤为重要。民宿的等级、规模大小、目标市场以及产品服务内容等不尽相同,因此,不同的民宿的组织架构也相应有所不同。

一、组织架构的设置

(一)单体民宿

单体民宿组织架构设置由其房间的数量来决定。对于房间数量在2—5间的民宿，一般由民宿主一人身兼老板、前台、保洁、公众号运营人员、夜间值班人员、向导、司机等多种职位角色。民宿主和员工每一人都可以承担若干职位的工作，组织架构为"民宿主＋员工（清扫员）"模式（图3-1）。对于房间数量在5间以上的民宿，工作任务相对繁杂且专业，因此，必须有专业团队组织来运营，其组织架构为"民宿主＋前台＋清扫员＋民宿管家"模式（图3-2）。

图3-1 小型民宿组织架构图

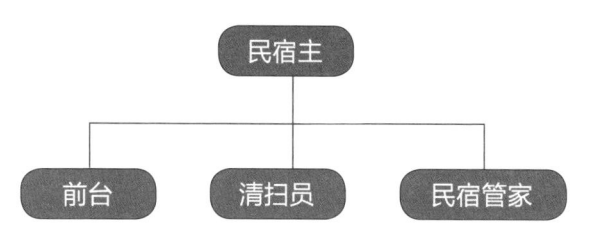

图3-2 中型民宿组织架构图

（二）连锁民宿

连锁经营的民宿，在每个门店的组织架构的基础上，民宿总部还需要有经验丰富和高效专业的运营团队，团队中需有专人负责涉及人力资源、财务、设计与工程、运营等模块的工作。每个门店组织架构可参考单体民宿组织架构进行设置，一般采用"CEO（首席执行官）+财务总监+人力资源总监+运营总监+设计工程总监+店长"的组织架构模式（图3-3）。

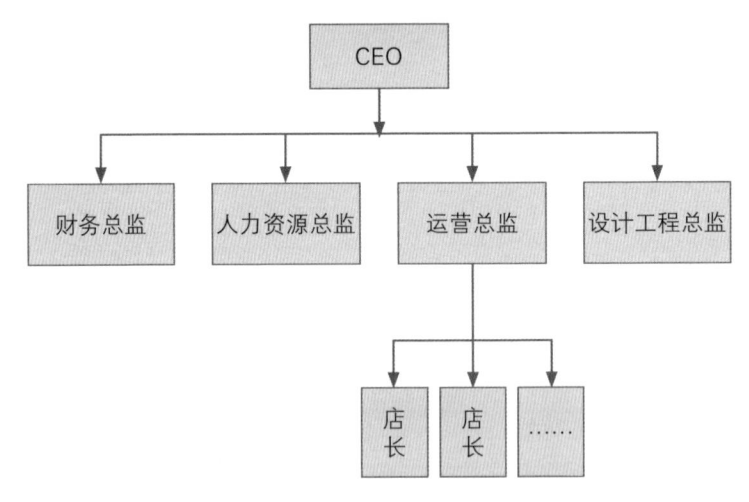

图3-3 连锁民宿组织架构图

二、民宿的岗位及其工作内容

（一）民宿主/店长

民宿最大的特色在于主人文化，因此，民宿主就是民宿的灵魂人物。民宿主在民宿的设计、场景设置和运营过程中，会把自己的情怀、人生阅历与思考以及兴趣爱好等融入其中，形成具有主人特色的标签。民宿主经营的不仅是一家民宿店，更是在营造一个有温情、有温度的家，而这些正是吸引目标细分市场客群的重要因素。

对于连锁经营的民宿，每一家门店的主人就是店长，店长实际负责民宿的运营与管理。因此，店长要对民宿工作充满热情和激情，要熟悉、认可连锁民宿的品牌文化，要负责将连锁民宿的品牌文化传送给民宿的客人和员工。

（二）前台/客服

由于现在民宿市场竞争大，民宿前台除了负责为客人办理入住、结账离店、行李寄存、接听电话等工作之外，还要负责民宿主或者民宿的自有粉丝朋友圈、抖音、小红书等自媒体和携程、途家、飞猪等OTA（在线旅行社）平台的与客人沟通服务工作，跟进自媒体和OTA平台的客人订单，沟通订房客人、确认订单等工作，应熟悉民宿的房源和房态。因此，民宿前台工作人员要具有亲和力，与客人沟通时不急不躁、语气平和，工作责任心强、细致严谨。

（三）管家

管家是民宿工作团队中事情多且繁杂的一个重要岗位，主要负责客人抵店、住店和离店期间的全面接待服务工作。在某些单体民宿，管家还要负责前台、厨师、采购和活动组织等工作。管家的服务质量和业务能力直接影响着客人对民宿体验的满意度，因此，民宿管家除了要有对工作的热情之外，还要有丰富的带领团队的经验和全方位的技术技能，如插花、摄影、烹饪，以及与客人良好的沟通交流能力等。

（四）清扫员

民宿清扫员负责民宿公共区域与客房的卫生保洁工作，主要包括客房卫生的打扫，客用物品的更换，卫浴洁

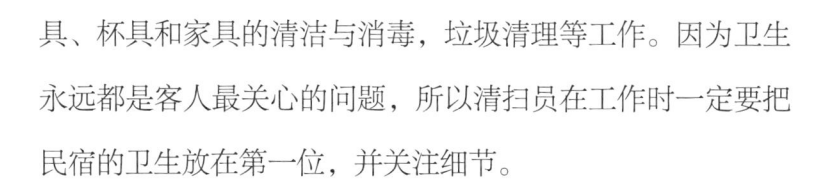

具、杯具和家具的清洁与消毒，垃圾清理等工作。因为卫生永远都是客人最关心的问题，所以清扫员在工作时一定要把民宿的卫生放在第一位，并关注细节。

（五）厨师

部分规模较大或连锁经营的民宿会提供餐饮服务，一般会聘任专职厨师。提供餐饮服务的单体民宿一般都是由民宿主或管家负责烹饪。民宿所在区域文化和目标客户群体，直接影响着民宿餐饮特色与定位。如所在地餐饮文化丰富，就聘请本地厨师，为客人烹饪本地地道的菜肴；如提供其他菜系的美食，就聘请本菜系的厨师。总之，民宿无论提供什么样的餐饮服务，菜肴必须要有特色，因而厨师最为关键。

（六）其他岗位

规模较大的民宿会设置安全保卫岗，主要负责民宿内部的巡逻、夜间值守、停车引导、泳池安全等相关工作。提供旅游线路服务的民宿，会配置专职司机，同时兼任导游角色，负责客人的游玩和接送。规模较小的民宿这些岗位一般由民宿主或管家兼任。

三、民宿人员配置

（一）单体民宿

就单体民宿而言，一般只需配置基本岗位，包括民宿主、前台客服、管家和清洁员。是否增设其他岗位主要是由民宿运营服务内容和特色决定。如提供餐饮服务，在人员配置时就需要考虑是聘任专职厨师，还是由民宿主或管家兼任，或者由本地村民兼职；如提供旅游线路服务，要考虑是由民宿主、管家兼职，还是聘请专人担任司机和导游。民宿主既要挖掘、发挥员工潜能，也要与当地村民建立良好的合作关系，以便在急需用工时能满足用工需求。

（二）连锁民宿

连锁民宿的每一个单店人员配置与单体民宿基本类似，最大的区别是由民宿主经营变成店长运营管理。连锁民宿的连锁化运营管理模式决定了其需要不断新开门店。因此，连锁民宿的人力资源部门需做好人力资源的储备和培养工作，特别是店长和管家的储备和培养。

第四节　民宿运营理念

近年来国内民宿市场高速发展，市场竞争加剧，大量同质化、均质化的民宿涌现出来，无差别的产品和服务给民宿的后期经营带来混乱和巨大的挑战。从市场层面上讲，由专业的精准运营来达到盈利效果的民宿才是有温度、有能力回馈社会的民宿。民宿经营需要树立正确的价值观，要符合当代人对物质生活的追求，满足当代人精神世界的需求。

一、树立运营前置意识

运营前置的本质是"谁负责结果，谁拥有决策"，一切以结果为导向。因为运营直接面对客户端，最清楚一线市场需求，熟悉产品竞争力，了解项目是否盈利，所以不但能避免无效投资,也能跟运营的实际要求无缝对接,即以运营为核心,根据项目定位和市场需求明确运营端,项目规划、设计和工程建设等全部围绕运营端进行,保证项目建成后全面满足运营需求,实现规划设计、工程建设与长效运营有效合一。运营前置,不是简单地把传统中运营干的内容移植到前期干,而是通过全盘性的操作思维,全局把控项目。

二、塑造品牌影响力

民宿要塑造品牌影响力,注意细分市场,做自己擅长的事,做一部分人的生意。长期来看,高品质的民宿品牌比低价品牌更具持久力,如果阶段性的低价战略是为了占有市场,那么将来同样会面临运营压力以及品牌升级的问题。

三、运用互联网+

民宿的运营应充分利用好互联网、OTA平台以及当今流行的自媒体工具(如抖音、小红书等),优美的文案以及赏心悦目的图片会让人心驰神往,继而亲身体验。

民宿企业必须重视互联网+,线上线下联动,提升产品附加值，即民宿+户外、民宿+电竞、民宿+美食、民宿+收藏等模式，利用互联网做好客户的管理维护，实现二次营销、分销，促进民宿可持续成长。

四、寻找盈利点

既然物业形态可以创新，那么商业模式(盈利模式)的酒店功能与服务同样具有创新空间，链接好民宿产品的上下游资源，继而形成消费力闭环，除了农副产品开发以及文创产品的研发，如何挖掘民宿的衍生行业以及找到附加的盈利点也是每位民宿主需要重点考虑的。

五、突出特色

一家好的民宿一定是有意思的。想要突出自己的特色和个性，民宿或民宿主应该有自己的"故事"，能让潜在的受众产生共情。如果售卖情怀，那么运营者首先应有情怀；如果售卖风格，那么运营者首先应有风格；如果售卖气质，那么运营者首先应有气质。只有这样，民宿品牌才能从众多同类产品中脱颖而出，做到独树一帜。这对运营者提出了很高的要求。

区别于传统酒店，民宿更加倾向于私人化与家庭化，传统酒店运营的经验可以借鉴，但是要防止其成为思维上的桎梏。民宿带有更多的人文服务在里面，区别于酒店的标准化、体系化。差异化、个性化、高品质的服务永远是民宿产品应当坚持的。

六、强调文化性

民宿的装修风格不仅要强调原生态和艺术感，同时必须与地域文化相协调、相融合，在地文化与主人文化是一座民宿的"灵魂"。民宿对客群的需求研究要比传统酒店更细致、更深入，选择入住民宿的客人大多具有较强的生活情趣及审美能力，对产品、服务细节极其敏感。如何给客户提供超出预期的内容以获得良好的消费体验和文化认同感，是值得民宿运营者思考的问题。

总之，好的民宿所展示出来的生活样态会让消费者产生"家"以另外一种截然不同的样子出现在别的地方的特殊体验感。

第四章

皖美精品民宿鉴赏

云里安凹

云里安凹位于全国乡村旅游重点村——庐江县万山镇十里长冲。该民宿利用乡土和新型建筑材料，让一座座老房子华丽变身为"云里安凹"，让青山绿水与高端民宿慢生活完美融合。云里安凹拥有16间客房及相关功能房，能同时满足60人住宿、100人餐饮及会务需求，是一个集民宿、餐饮、休闲、会务、全息自然农法耕作、农产品深加工（销售）和旅游纪念品开发于一体的田园综合体。2021年11月，云里安凹民宿被评选为全国首批"甲级旅游民宿"。云里安凹经过精心的改造，将石墙、青瓦、落地玻璃窗、亭台楼榭、小桥流水深深地隐入自然环境之中，和山水田园浑然一体，如世外桃源。

第四章 皖美精品民宿鉴赏 | 091

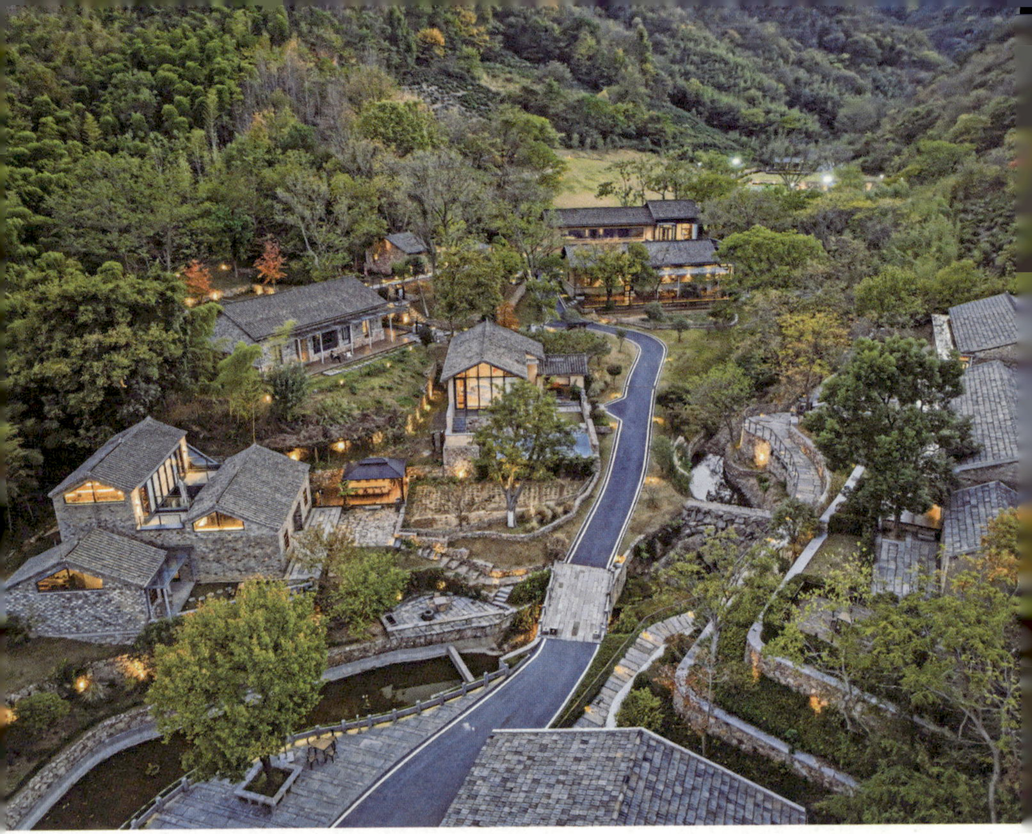

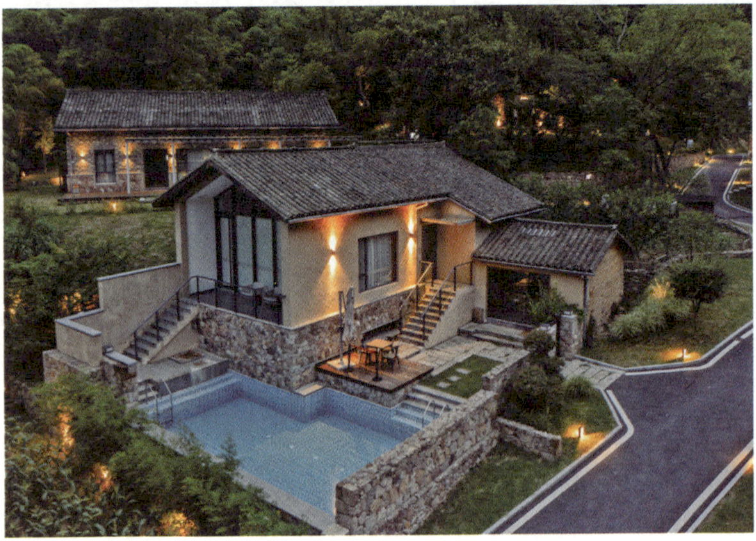

四顶山居

四顶山居位于安徽省合肥市肥东县长临河镇境内，是合肥市首家徽派风景民宿。该民宿地理位置优越，拥有高铁在长临河设站的交通优势。这里有山、水、林、田、湖，自然资源丰富，整座民宿掩映在山水之间，清静幽雅，景色宜人。四顶山居现有14间特色住房，以及餐厅、会议室等，同时长期开展水果蔬菜采摘、登山攀岩、垂钓、篝火晚会、BBQ（烧烤）大会等一系列活动。

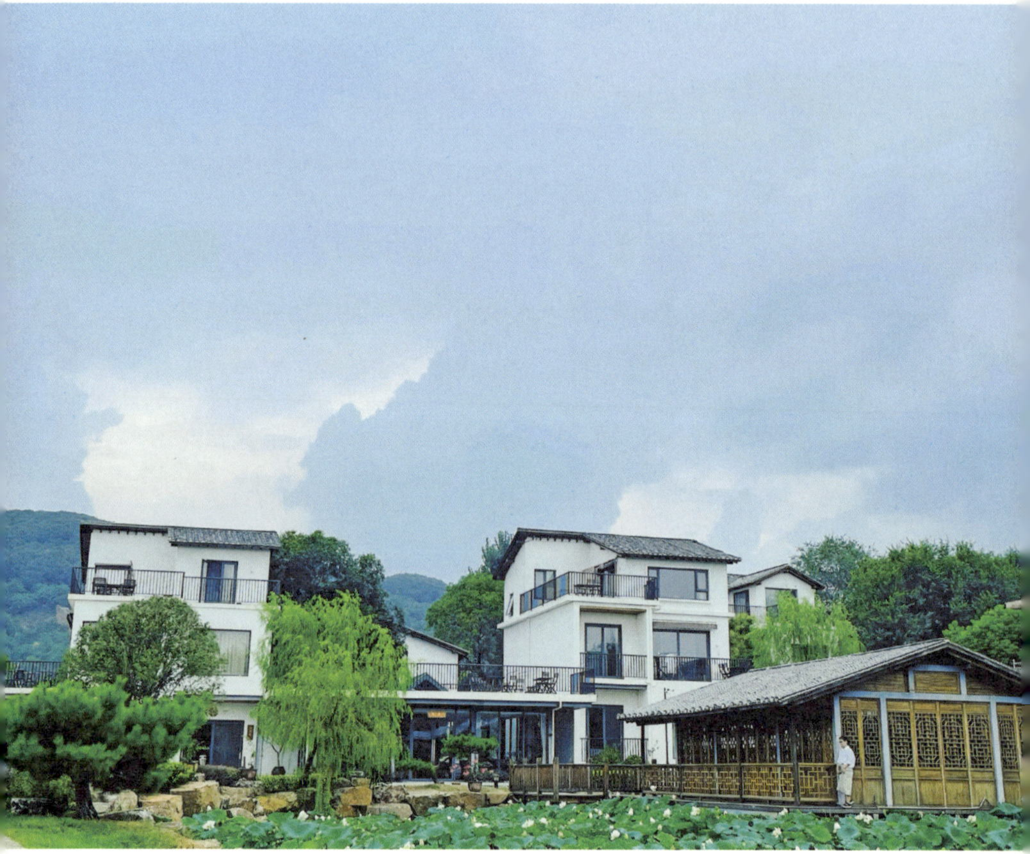

第四章 皖美精品民宿鉴赏 | 095

塔川书院

塔川书院位于安徽省黄山市黟县宏村镇塔川盆地的横山村,近宏村景区,周围环境优美,出游便利。书院占地约9亩,以古徽州耕读文化的重新发掘和光大为创设主旨,以传统隐逸文化的"隐居十六观"为创意,规划了住宿、餐饮、耕读文化体验、非遗传习、自然探索等多个功能分区。书院灵活运用地势、溪流以及周围田园景致,充分展现移步换景、以小见大的中国传统造园思路。在这里,游客可以回顾历史、休憩品茗、凭栏远眺,以自己喜欢的方式品味徽州。

第四章 皖美精品民宿鉴赏 | 097

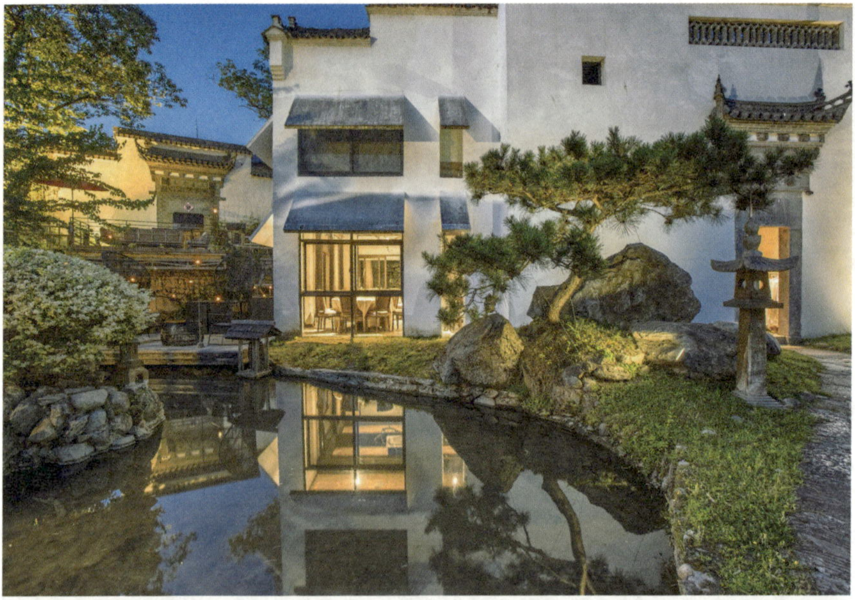

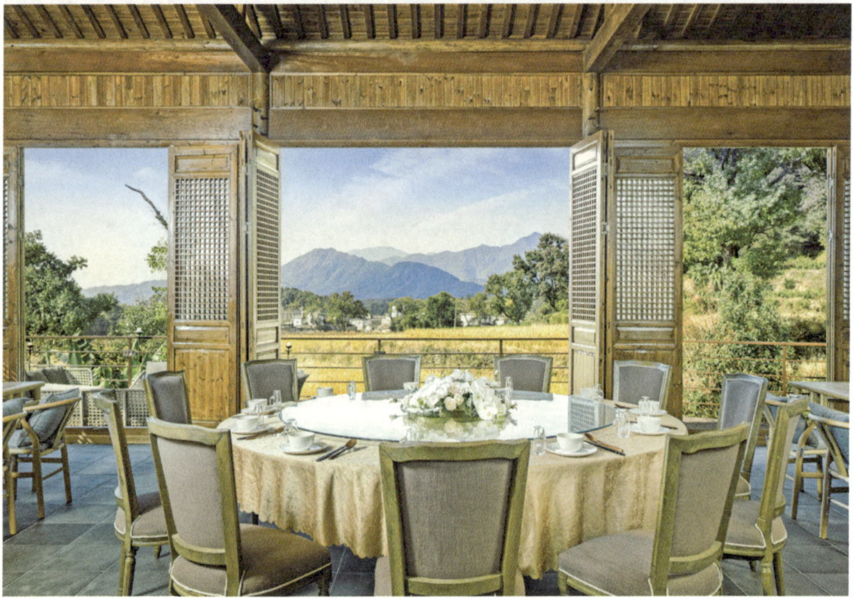

拾庭画驿

拾庭画驿坐落于安徽省黄山市西递和宏村之间的传统村落石亭村中,隐匿于6000平方米的明清徽派宅院中。这里依山傍水,不仅有浓厚的徽文化氛围,周边还有新安江的水源源头和徽商古道,坐拥优质的水源生态和自然风光。民宿建筑将传统与现代完美融合,在保留徽派建筑风貌的同时,设有融琴、棋、书、画、茶等于一体的综合大厅,有独立画室、茶室、酒吧、娱乐室、会议室以及可以登高望远的摄影亭阁等。在这里,游客可参加徽派建筑文化分享、传统手工制作、采摘、汉服体验、徽剧堂会等多种活动。

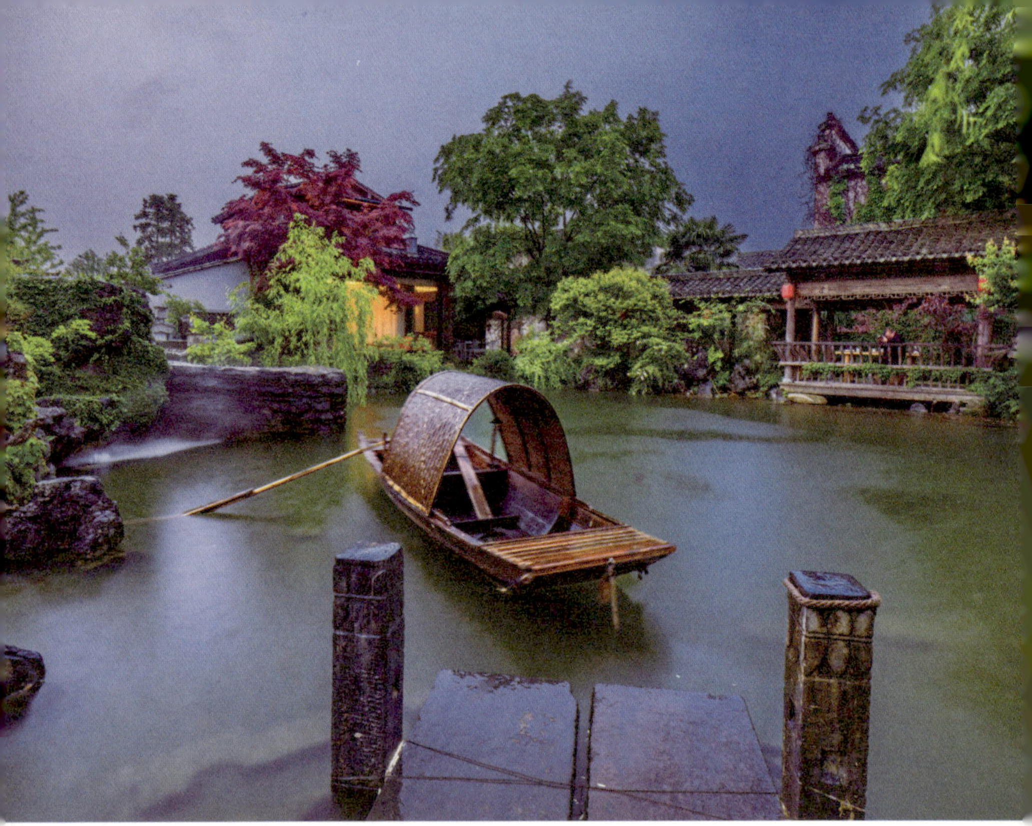

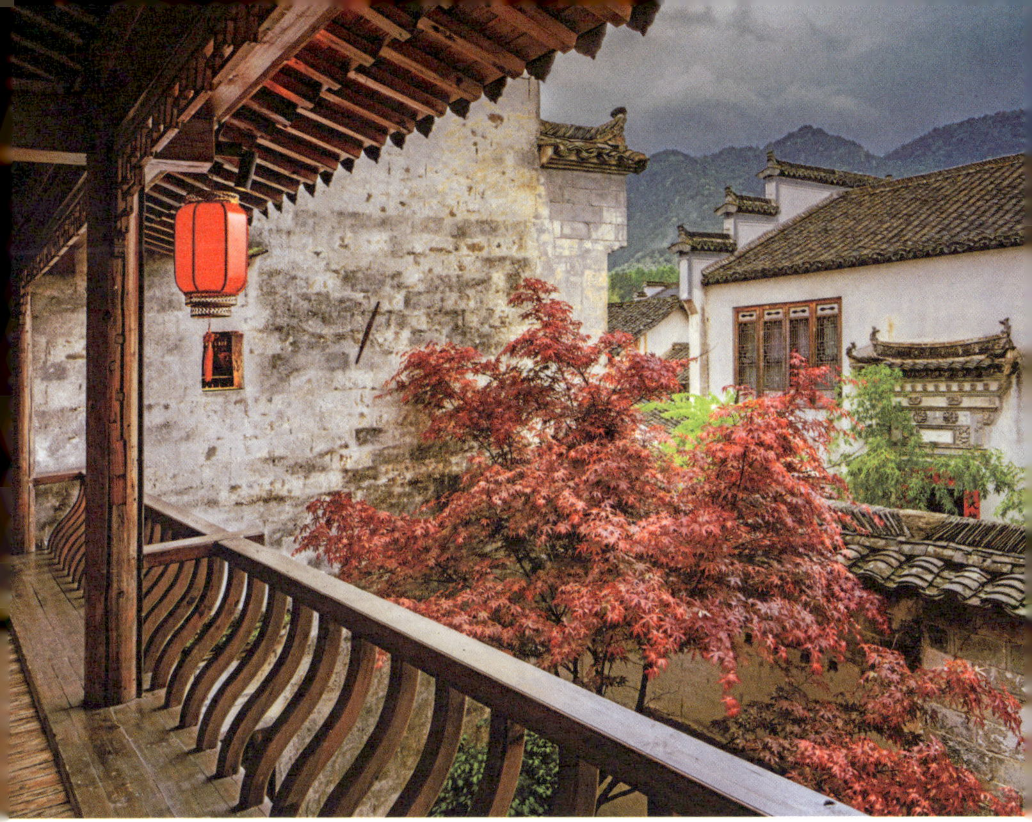

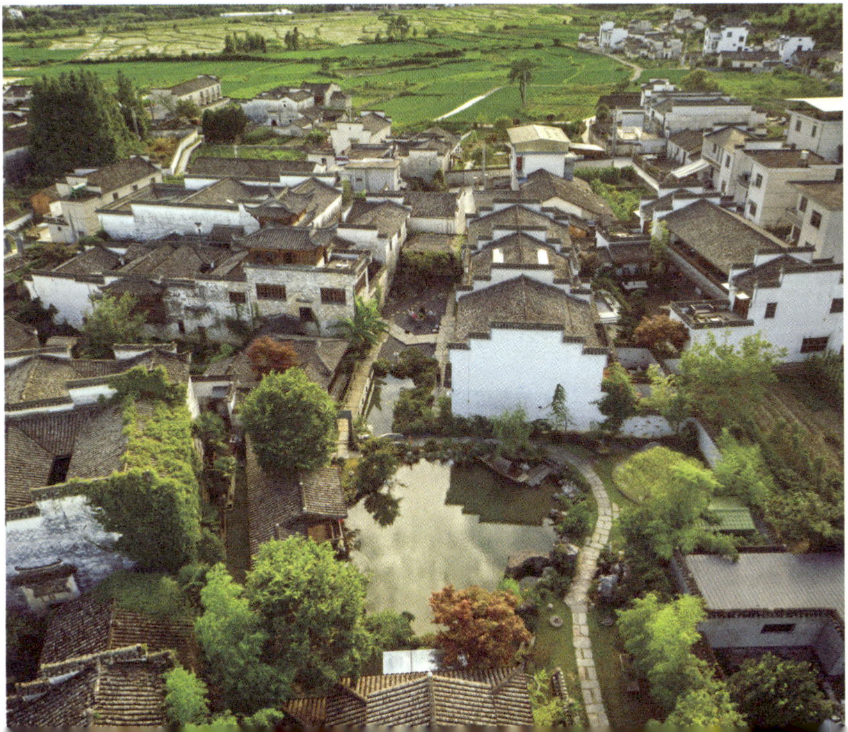

清溪行馆

清溪行馆位于安徽省安庆市岳西县石关乡,海拔800多米。民宿有10座院落,融合"皖西大屋"有序又自由的宅院形制,经由空间、色彩、材质的变换,形成独具特色的建筑群。民宿处于乡村道路的尽头,也是山区景观的起点,通过平台、转折、开口、微型建筑群落,把广阔的山区乡村风景引入宁静的内院中。游客在这里既可以体验岳西独特的茶文化,也可以在"阳光书房"中静读一本好书。

第四章　皖美精品民宿鉴赏

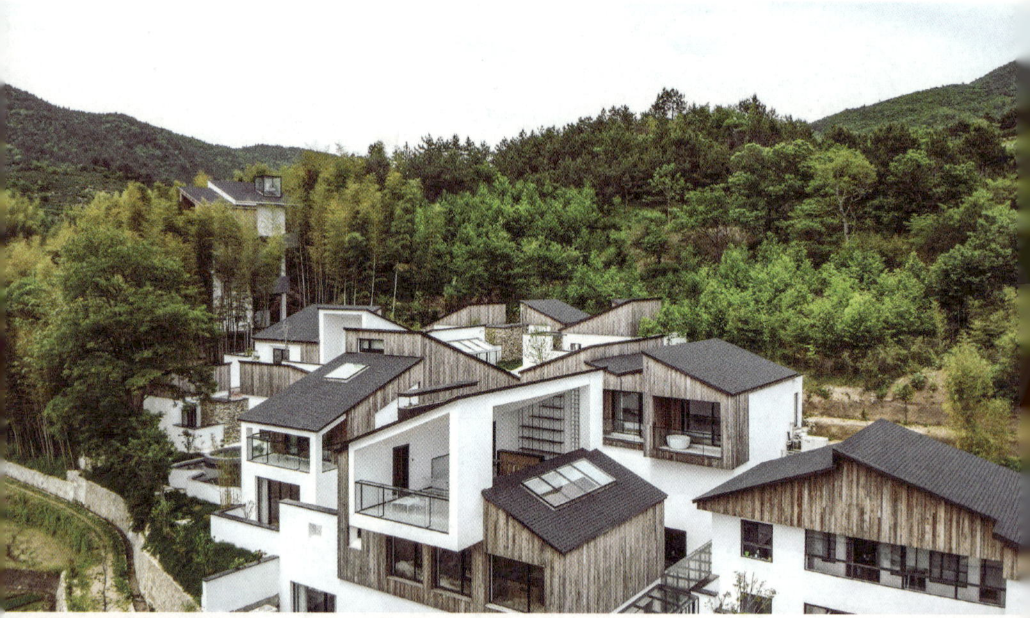

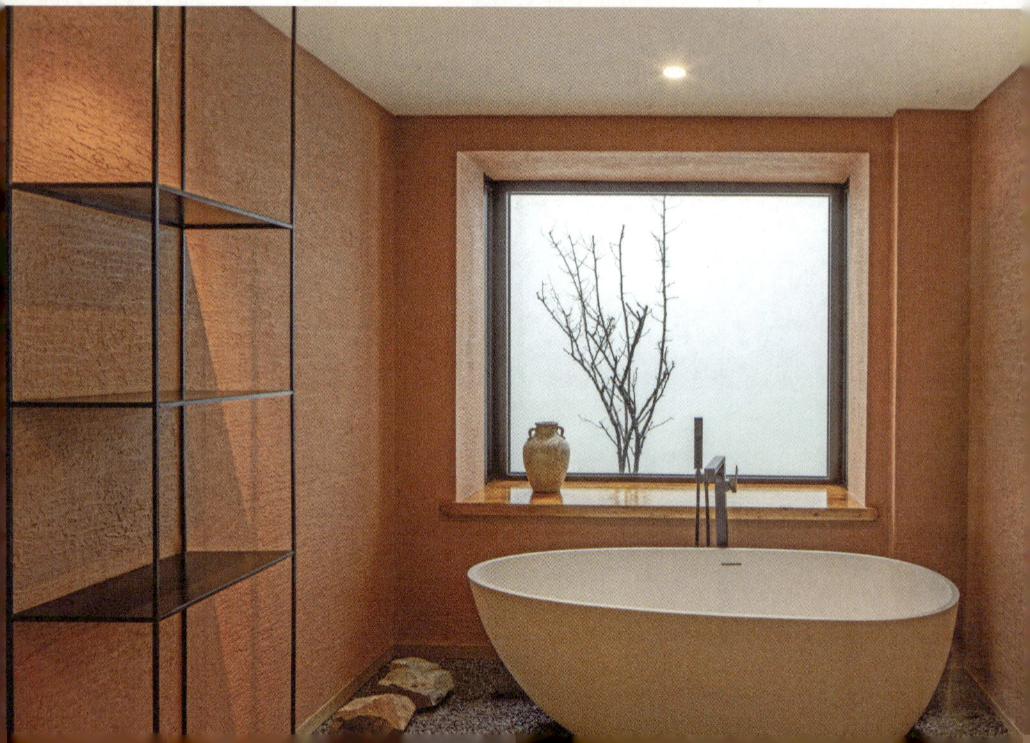

初心叁舍

初心叁舍位于安徽省池州市青阳县境内,坐落于九华山最高峰的后山。庭院里有树龄近四百年的桂花古树,门前流淌着清澈见底的黄石溪,宛如一处世外桃源。民宿建筑将古老徽派设计和新式简约设计相融合,保留了许多有安徽特色的雕刻工艺,并为游客在体验式茶园、映山红园等园区提供一系列定制化服务。

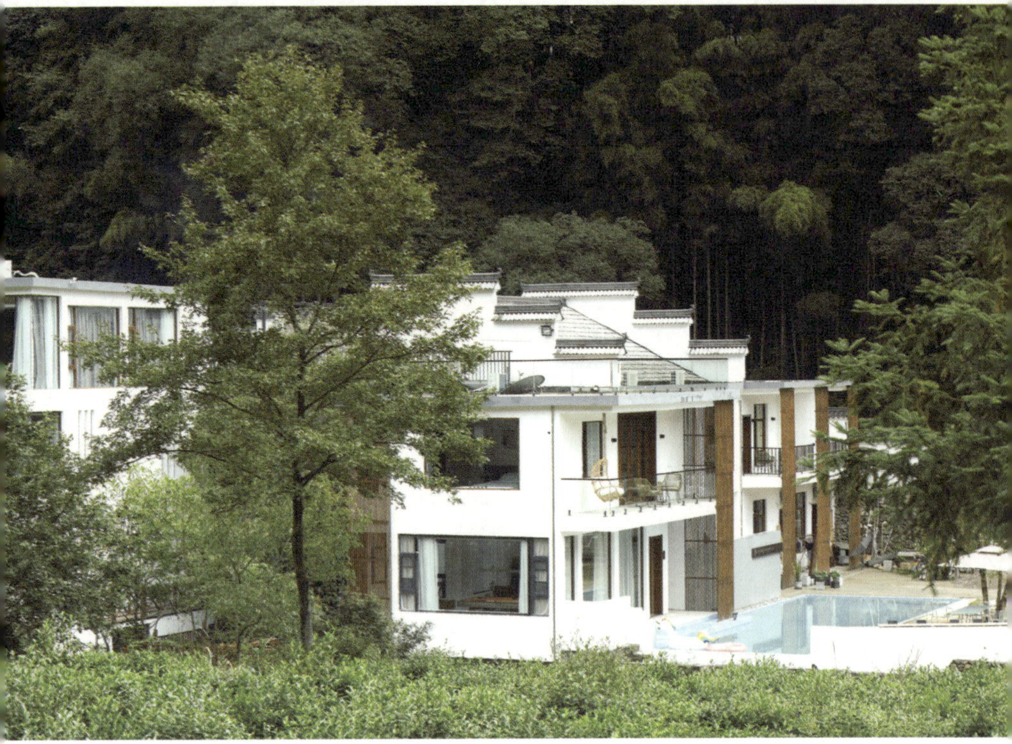

第四章 皖美精品民宿鉴赏 | 107

永泉松云山居

永泉松云山居位于安徽省铜陵市永泉旅游度假区内。民宿占地面积20亩，采用江南民居的建筑风格，由"松云山居""杨家大院""迎春居""司马光""易安居"等多个单体民宿组成。这里的每一栋单体民宿都配有专门服务的管家，每一个院子都配有专门的厨房和厨师，柴火灶台，可用铁锅做饭，采用私人定制的"吃+住"模式。民宿内有富含多种矿物质和微量元素的私汤温泉。在这里，游客可自由游览忆江南12景以及6000亩景区，寻觅山水之乐。

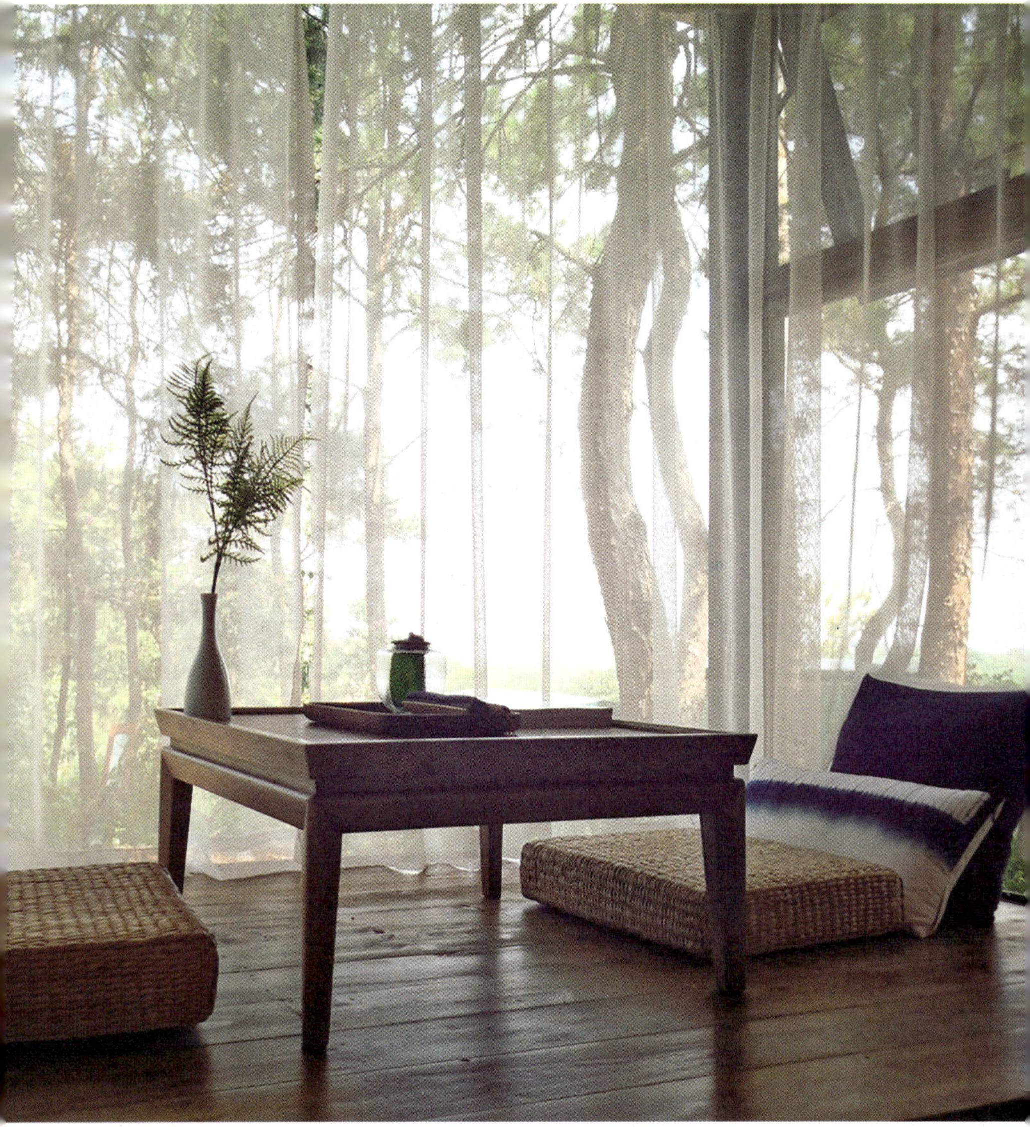

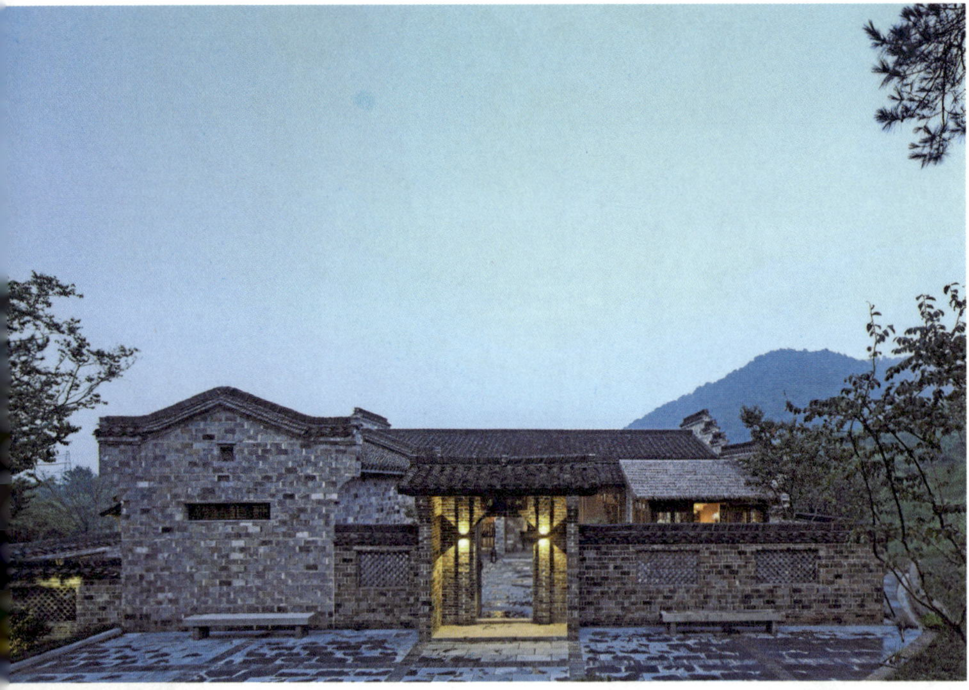

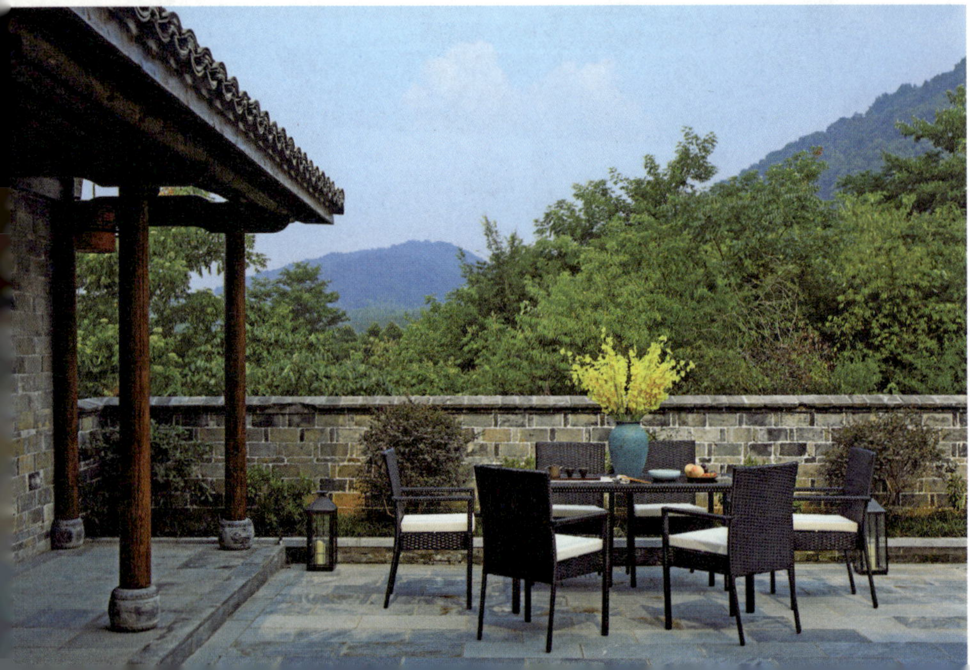

青龙驿

青龙驿位于安徽省铜陵市枞阳县枞阳镇青龙村，建筑面积约350平方米，有客房8间，背倚青山，面临水库，与"青山石屋寺""青龙庵""宝莲庵"毗邻。山上树木茂密苍翠，清泉绕石；山下农庄阡陌纵横，瓜果飘香。民宿将农业资源开发与生态观光旅游融为一体，农产品自给率高，并建有农产品采摘园、荞麦生态园、垂钓中心等，可开展富有当地特色的农事体验活动。

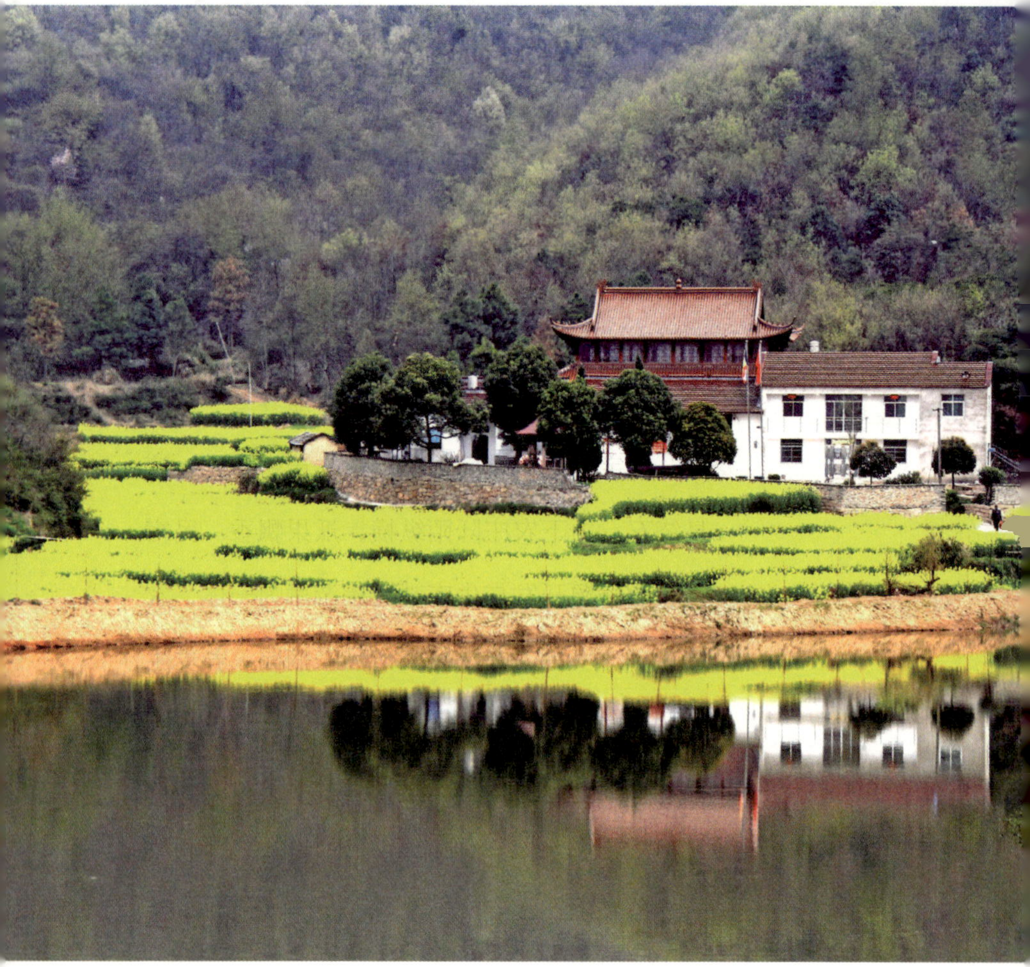

第四章　皖美精品民宿鉴赏 | 113

小满的时光

小满的时光位于安徽省宁国市青龙乡，占地7亩左右，内设名为琴、棋、书、画、诗、酒、花、茶等的15个房间。民宿将林木绿意引入室内，一居一室、一饰一物都体现着赏景、居住两相宜的东方建筑美学。这里有依山傍水的美丽环境，有反复打磨的居住空间，有真材实料的品质家具，还有精挑细选的创意摆件，游客可以于安静舒适中尽享自然与休闲之美。

第四章 皖美精品民宿鉴赏

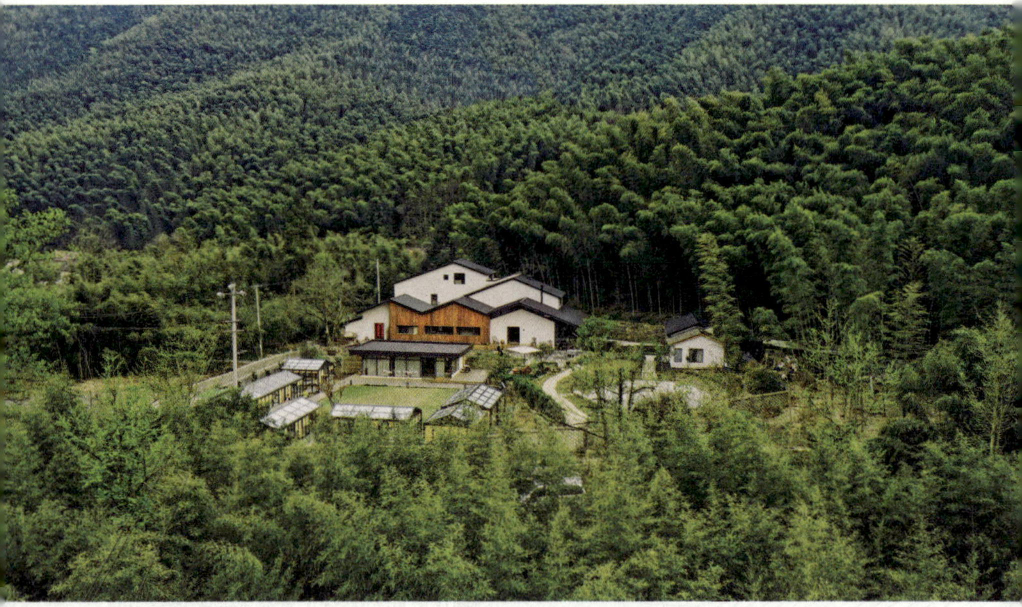

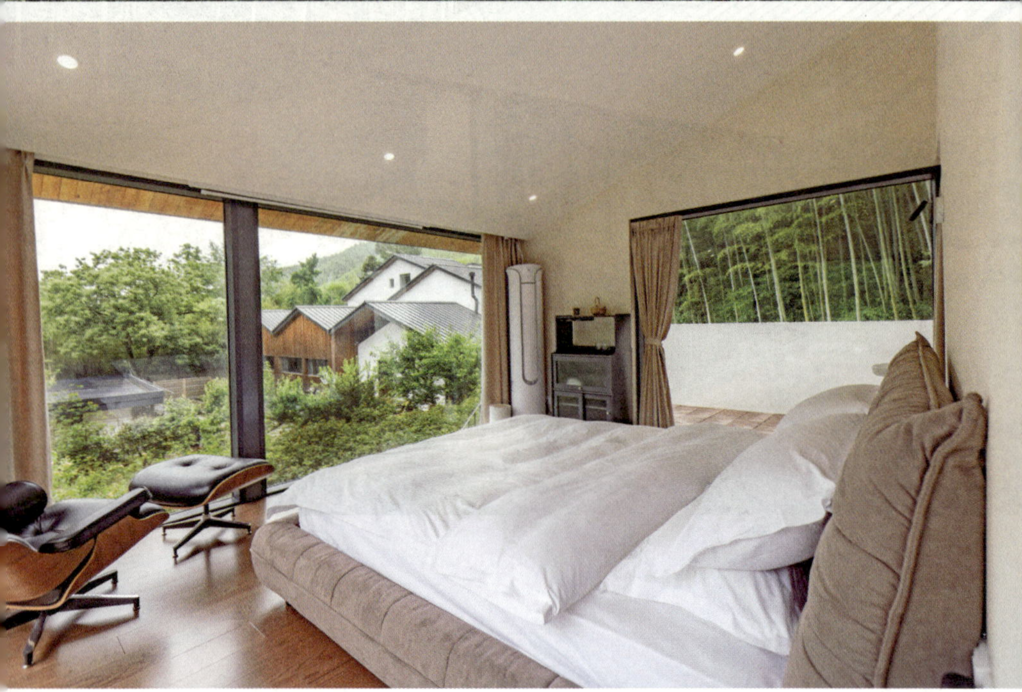

芜湖泊乐艺术酒店

芜湖泊乐艺术酒店坐落于安徽省芜湖市美丽的滨江公园十里江湾，设计创意源于世界遗产马赛公寓，唯美的建筑像一艘豪华游轮停泊于母港。

民宿极简的现代建筑外形，融合了浩瀚江水、孤帆远影和静谧港湾等核心设计元素，在2000平方米的空间中倾心打造了各类江景客房，将江南的灵秀和韵致天然完美地融合。在这里，游客可以畅享"几时归去，做个闲人；对一张琴，一壶酒，一溪云"的回归感。

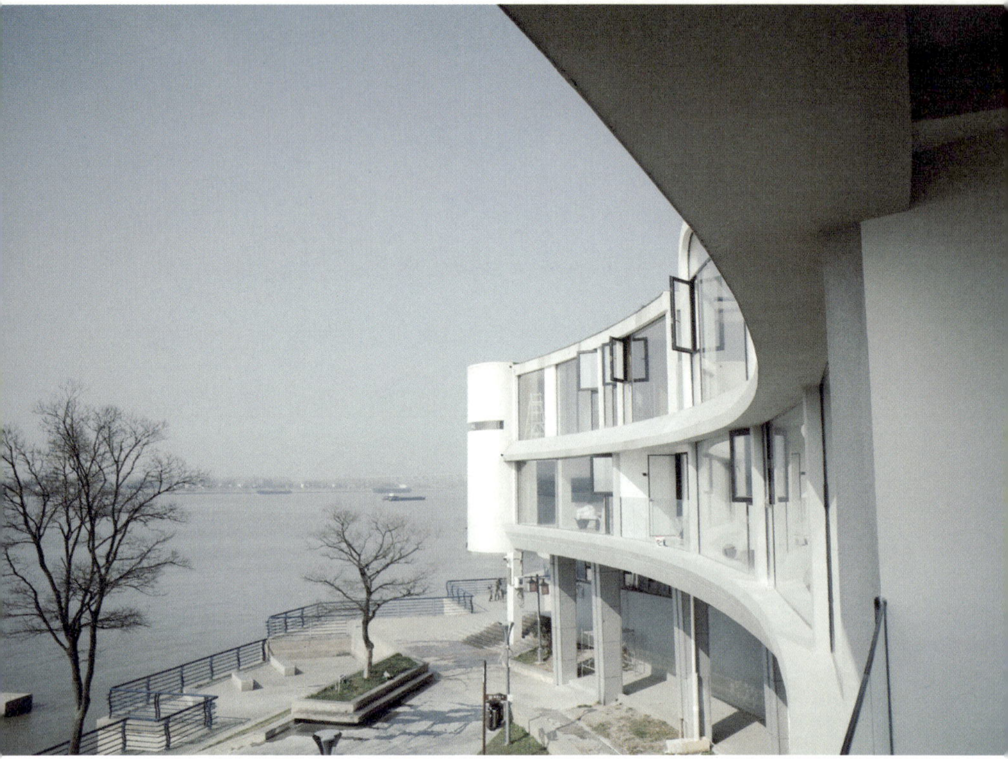

第四章 皖美精品民宿鉴赏

三棵树庄园

三棵树庄园位于安徽省马鞍山市花山区濮塘风景区内,因院中有三棵百年古树而得名,生态资源丰富。庄园分 5 个区域:进口甬道和观赏草坪、主活动区和玫瑰园、锦鲤区、三棵古树、竹林泳池。

该民宿总面积 700 平方米,共 9 套房间。庄园主人是风光摄影师,已经旅行 40 余年,行走 60 多万公里。三棵树民宿的设计数易其稿,将田园风格自然融入每套房间,将灵感物化到民宿的所有细节,让每套房都有自己鲜明的风格。

第四章　皖美精品民宿鉴赏 | 121

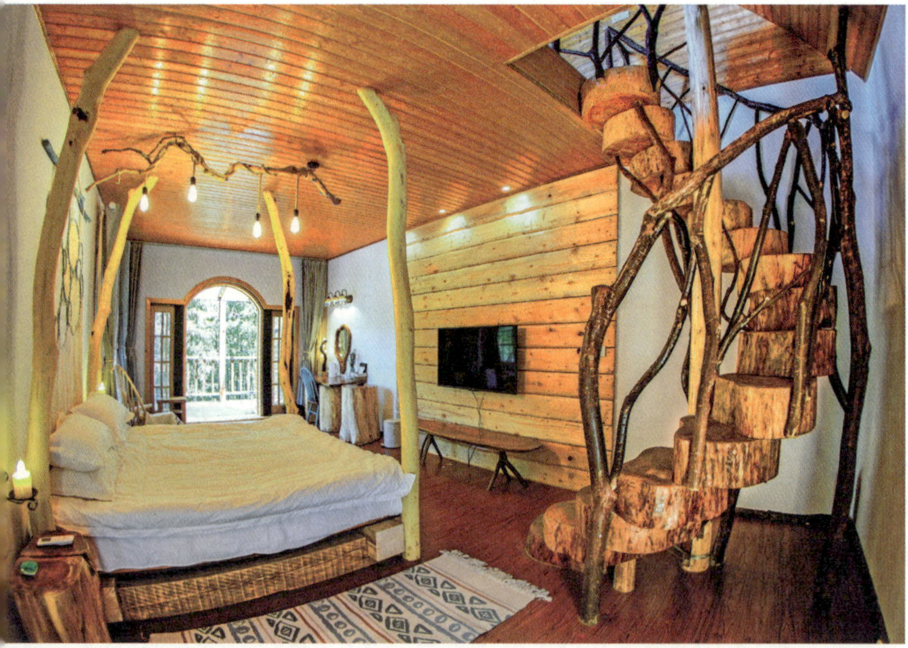

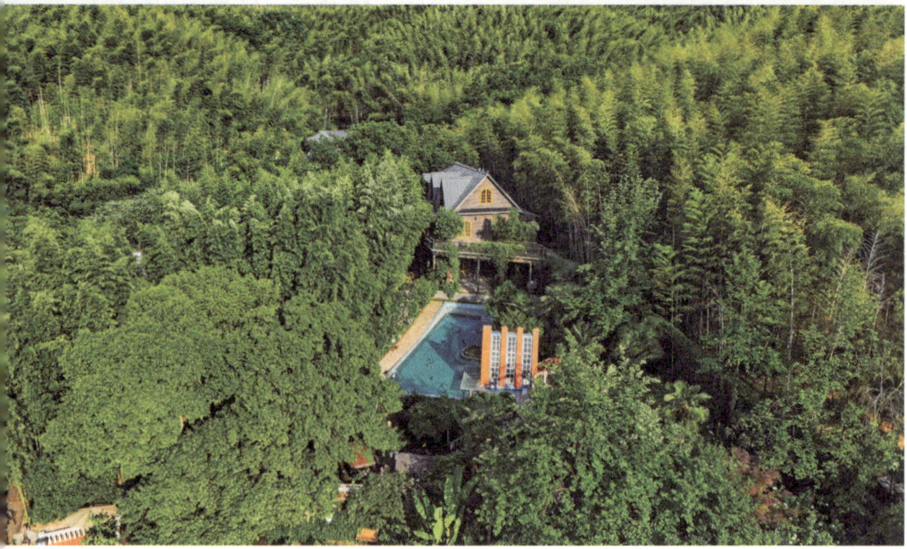

漫宿·古桥人家

漫宿·古桥人家坐落于安徽省第四批省级传统村落——六安市霍山县漫水河镇道士冲村，是"道士冲红灯笼辣椒小镇"的特色民宿之一。民宿是在原道士冲敬老院和7栋民房的基础上改造而成的，秉持修旧如旧的理念，保留原有木梁结构和夯土泥墙，增添现代色彩。7栋民房黄墙灰瓦，均保持古色古香古韵，是一处极有观赏价值的古民居集群。民宿周边还可观赏古桥古树、体验皮旅中原突围步道等。

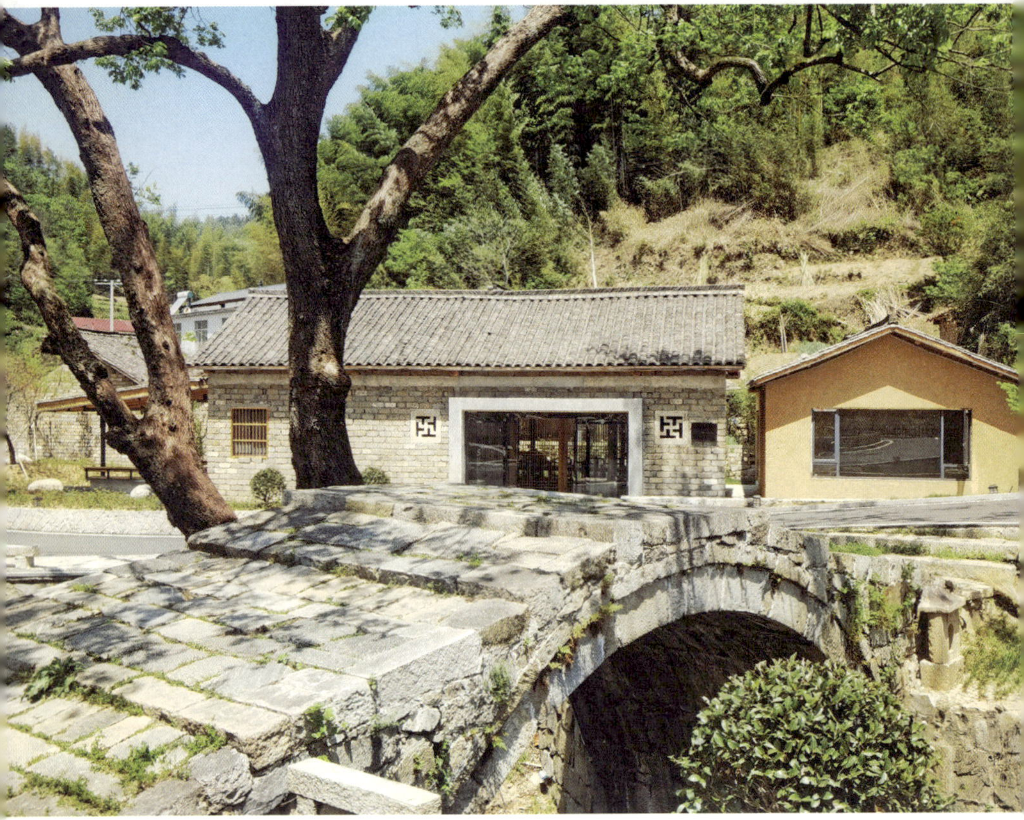

第四章 皖美精品民宿鉴赏

井楠茗宿

　　井楠茗宿位于安徽省滁州市南谯区施集镇井楠村，地处国家ＡＡＡＡ级景区琅琊山西麓，紧挨江淮分水岭风景道。这里山峦起伏，水流纵横，绿树成荫，气候湿润，山间经常云雾缭绕。独特的地形气候和千层岩土壤成就了独具地方特色、远近闻名的施集绿茶。民宿以当地茶叶、菊花等特色农业产业为依托，打造全新的休闲度假模式。在这里，游客可体验垂钓、茶山徒步、采茶制茶、农事劳作、露营烧烤、户外拓展、特色集市、主题音乐节等多种休闲娱乐项目。

第四章 皖美精品民宿鉴赏

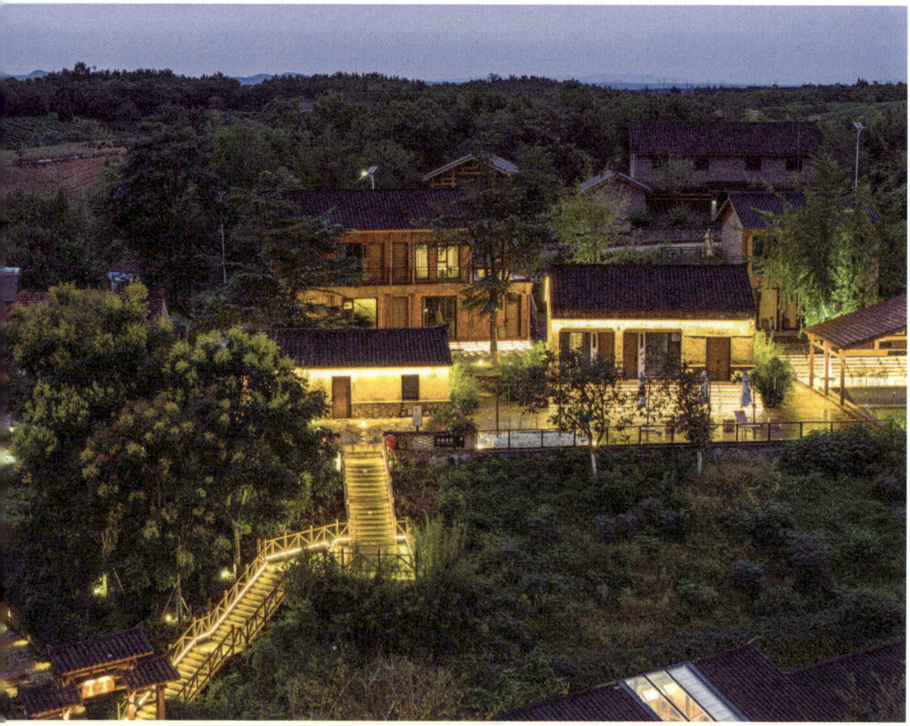

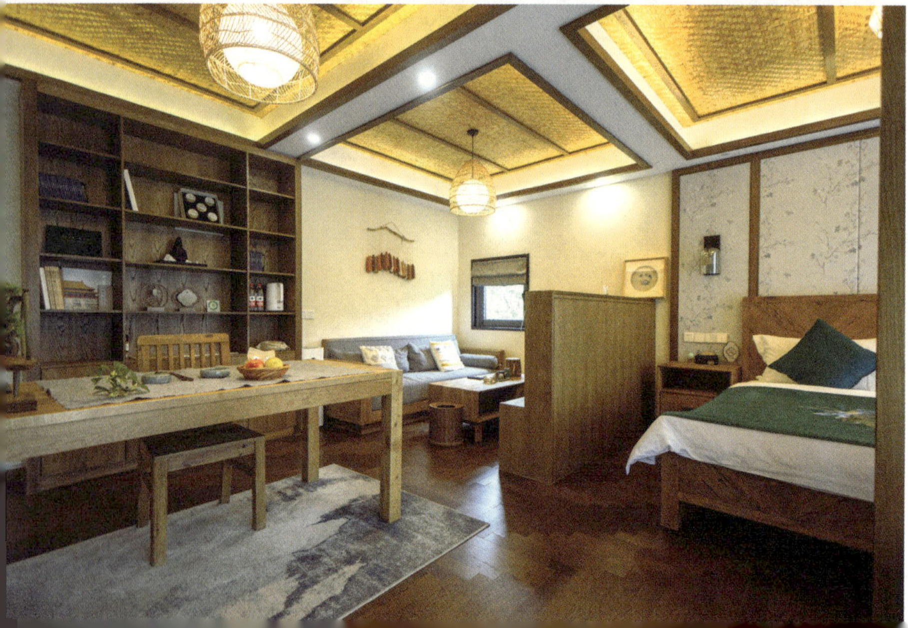

高塘人家

高塘人家田园综合体位于安徽省淮南市大通区孔店乡河沿村,是集生态农业、健康养生、休闲旅游为一体的一站式综合旅游度假区。高塘人家通过营造多变的景观环境,激活和升级现有的自然景观资源,让游客感受到回归自然、充满野趣的现代自然生态美。园区内设采摘果园、民宿度假酒店等多项休闲娱乐设施,并有夜间灯光秀等特色旅游服务。

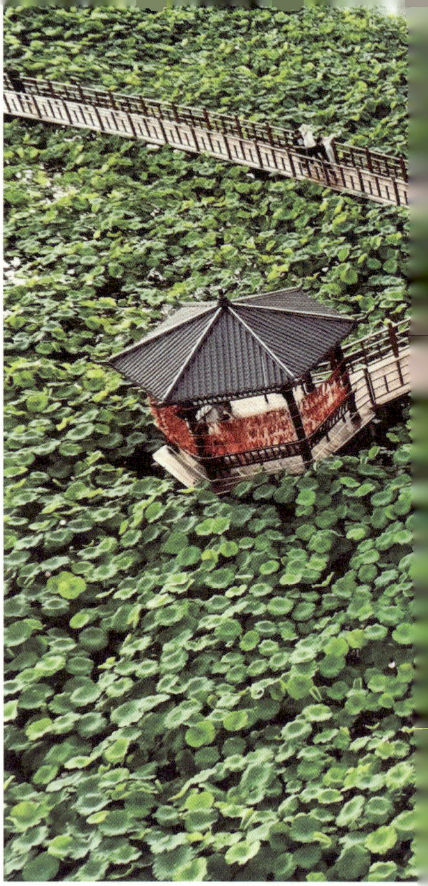

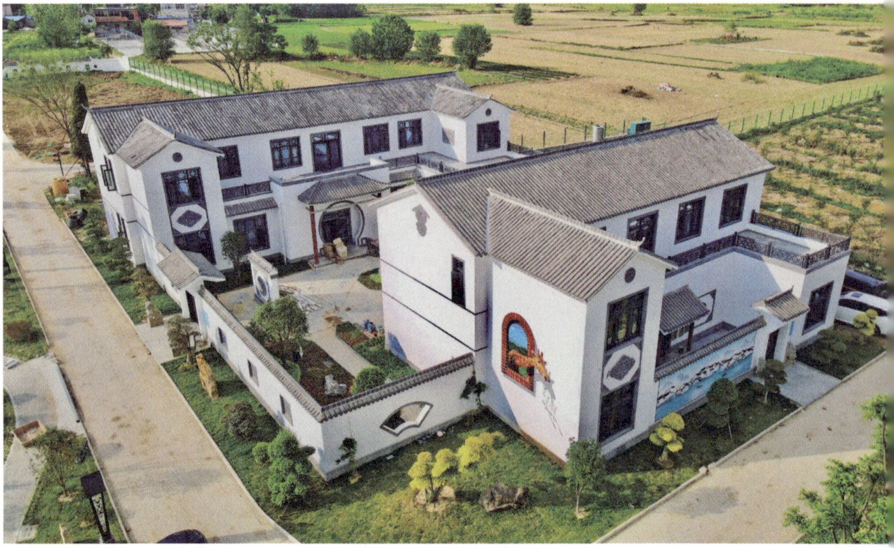

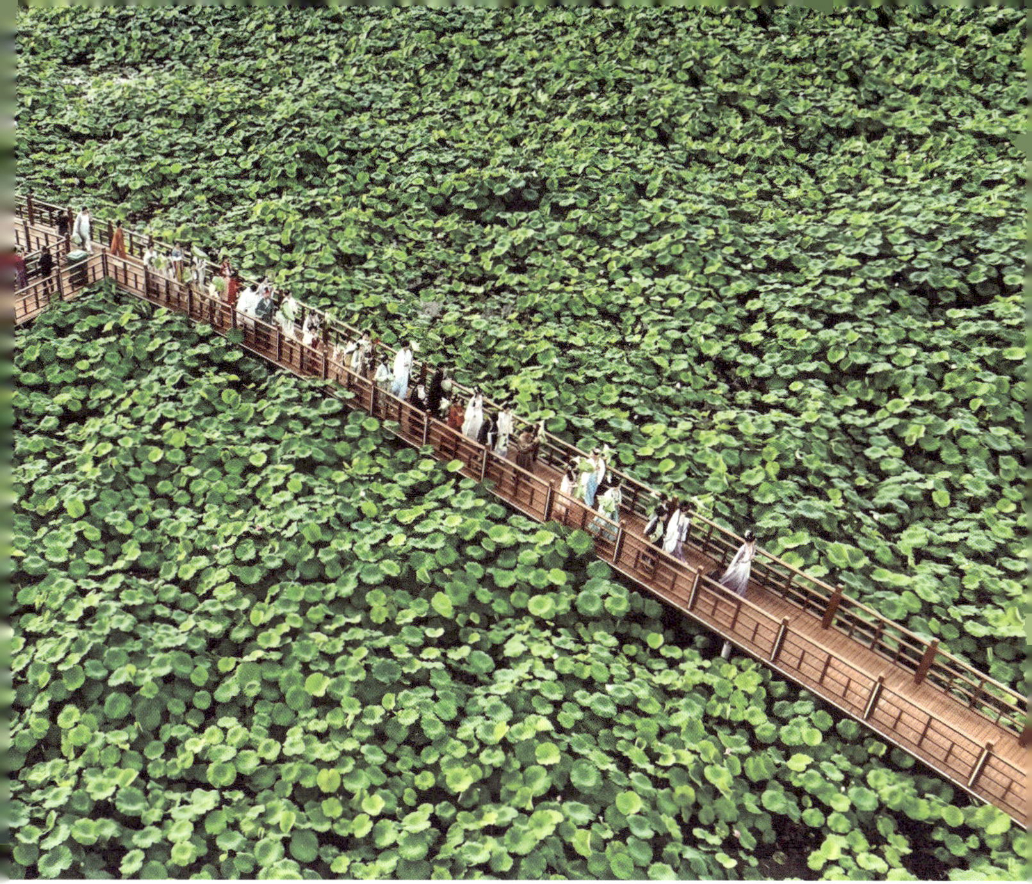

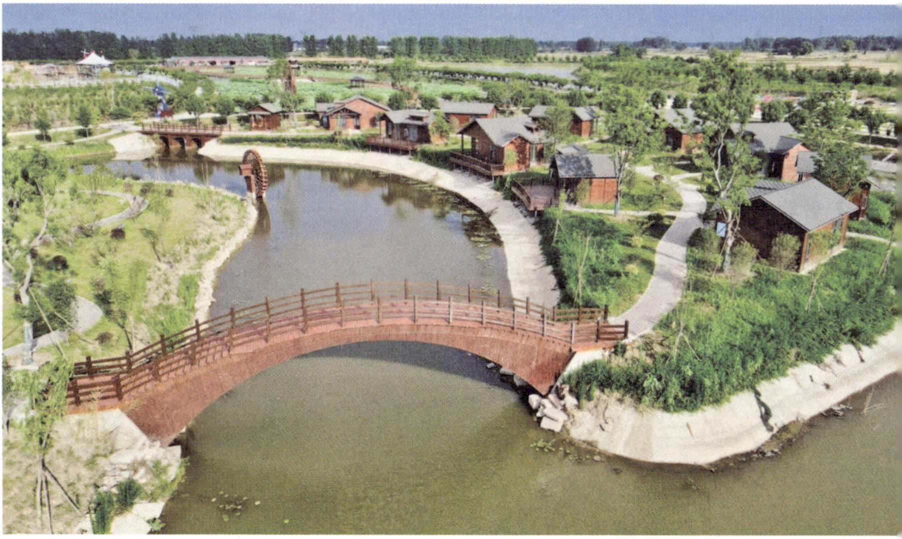

草榻别院

草榻别院位于安徽省阜阳市颍上县管仲老街内,是一座融合皖南皖北民俗文化、房间风格迥异又具有家园情怀的院落民宿。别院全部采用原创设计,既保留了中式合院的文化格局,又融入了科学睡眠的先进理念,将现代住宿和传统文化巧妙融合,古朴典雅,温馨舒适,体现出独特的文化氛围。大厅设计参考春秋礼制"三六九入府仪式",三步迎门,六步入厅,九步登堂。客房以二十四节气命名,屋内装饰力求与节气名称相吻合,让客人一走进院子就有心灵回归大自然的放松,一屋一节气,一屋一风情,一屋一景象,推开一扇房门,便进入一个梦幻般的唯美季节。

第四章 皖美精品民宿鉴赏 | 133

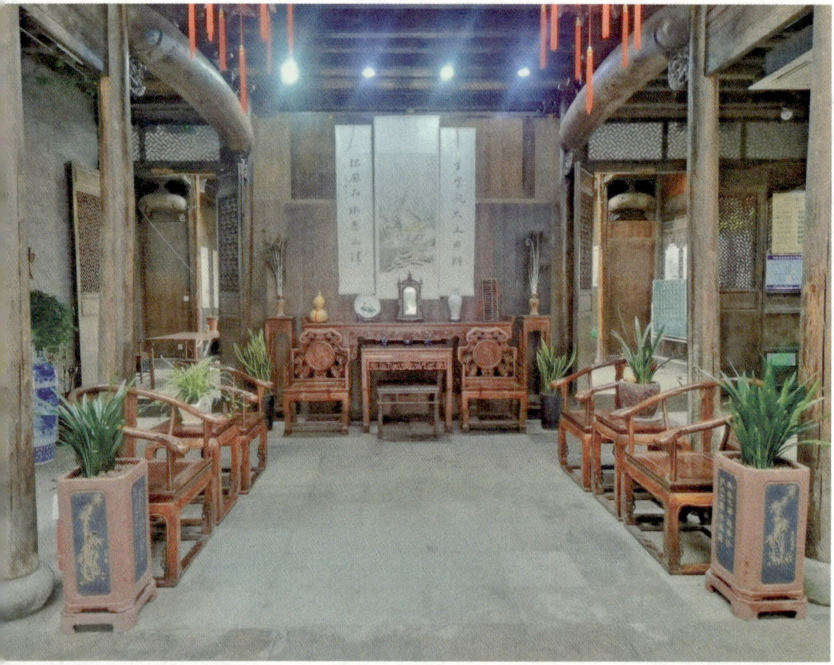

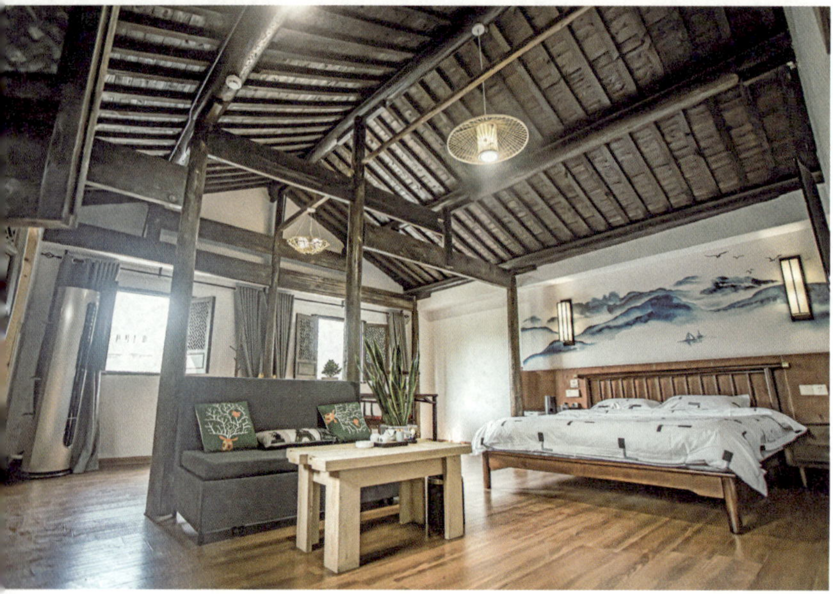

花间集舍

花间集舍位于安徽省蚌埠市禹会区长青乡境内，由如梦令、虞美人等14间以不同词牌名命名的房间组成，在设计上融合了人文情怀、艺术情趣及原始建筑风格，留有徽派建筑的历史印记。它既有乡村民宿的情怀，也有城市民宿的设计，加上与众不同的个性化服务，深受游客的喜爱。

走进客房，恍若走进木的世界，不加修饰的原木书桌、茶几、方凳，散发着自然的原生态气息。这种离自然很近、离繁华不远的设计，正是花间集舍着意打造的诗意空间，一花一木，无不浸透着匠心和执着。

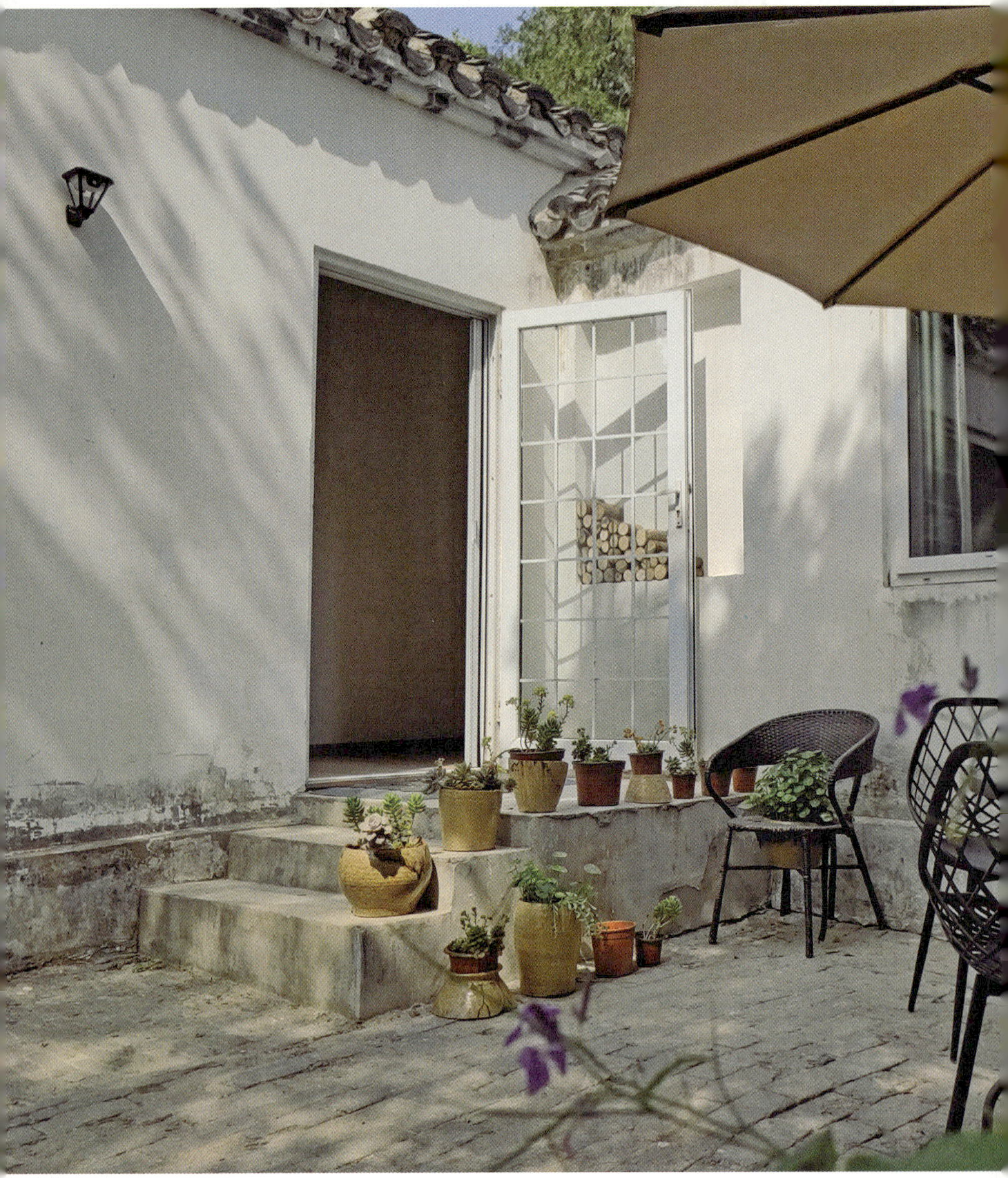

第四章 皖美精品民宿鉴赏 | 137

耕读人家

耕读人家坐落于安徽省蚌埠市五河县沱湖乡大岗村，紧临沱湖湿地公园，是集餐饮、旅游休闲、垂钓游乐、文化体验和土特产销售为一体的旅游休闲集聚区。民宿在设计上融合了农耕文化、渔家文化及原始建筑风格，留有徽派建筑的历史印记。在这里，人们可以品尝当地特色美食、体验农耕文化、参观沱湖渔文化展馆、观赏钱杆舞等文化传承项目，还可以参与五河龙虾节、沱湖螃蟹节、渔夫市集等特色文化活动。

第四章 皖美精品民宿鉴赏

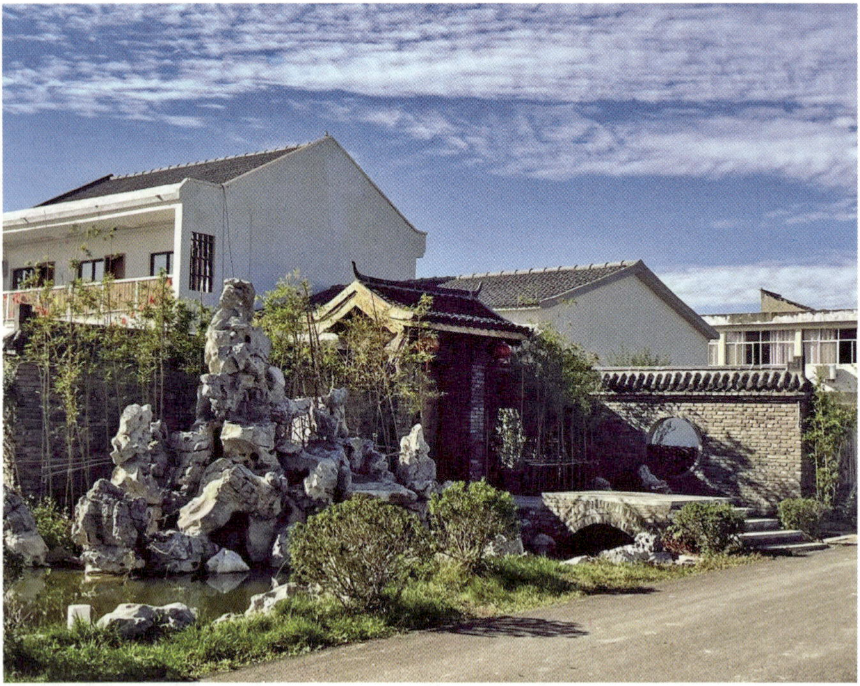

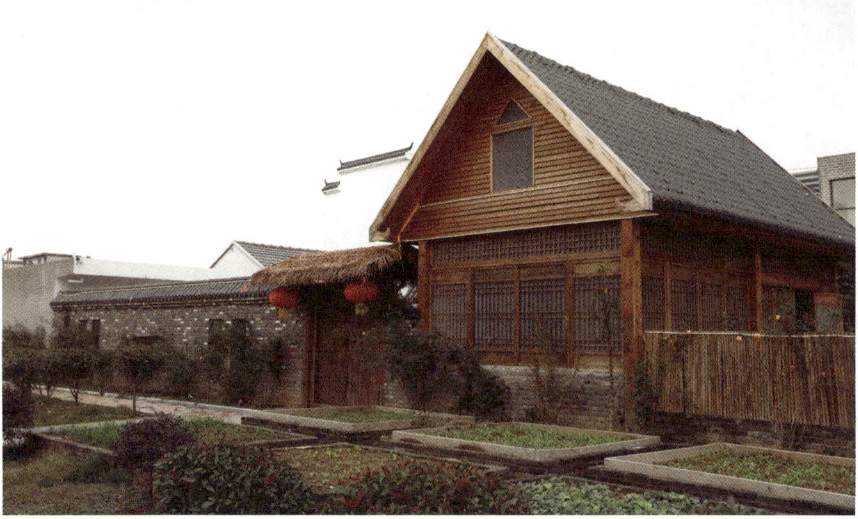

听荷书屋

听荷书屋位于安徽省宿州市砀山县良梨镇魏寨中心村。这里是砀山梨最核心的产区。蓝天白云下,三五好友,喝茶聊天,饿了,采一把青菜酌一壶酒;闲了,到繁花蔽天的梨园逛逛。听荷书屋旨在让游客体验到"结庐在人境,而无车马喧"的归隐感觉。

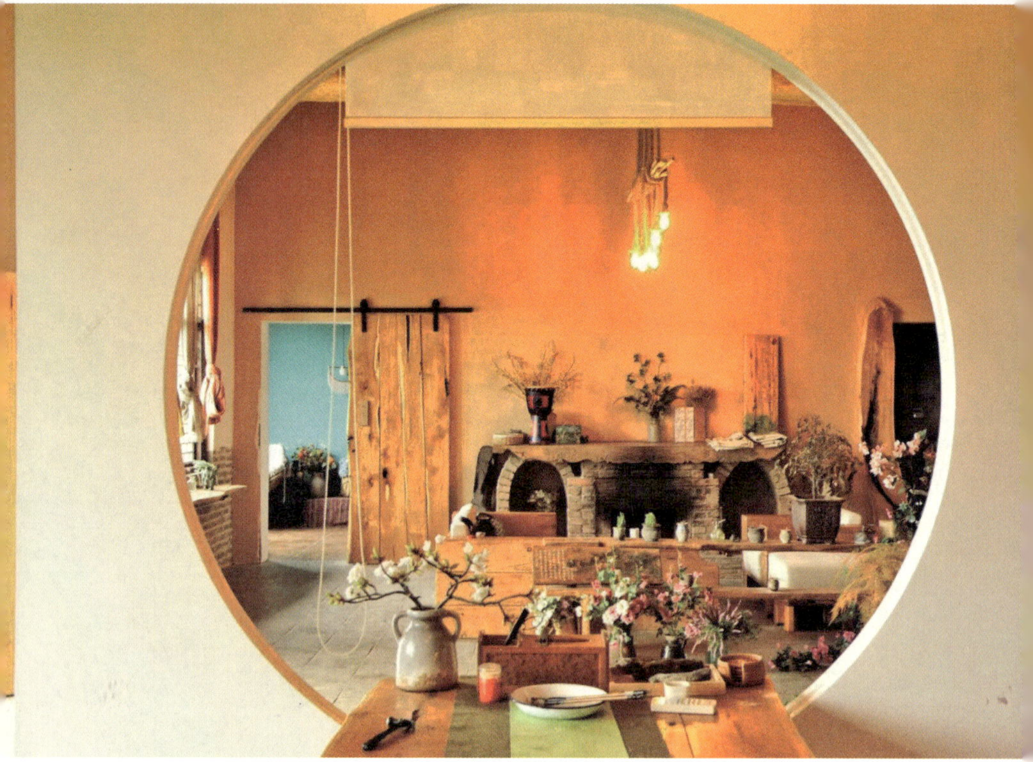

第四章 皖美精品民宿鉴赏 | 143

三馆居

三馆居位于安徽省亳州市北关历史街区内,总面积2166平方米,因坐落于在明清时期知名的金陵糖业公所内,与山陕会馆(花戏楼)、粮坊会馆三馆汇集而得名。三馆居深藏于老街一隅,一步一景,"平安之门"寓意吉祥如意,四间四合院式套房也各具特色,"蓝草""儿茶""五倍子"等房间名称均取自中草药典籍,装饰涂料都来自中草药提取物,完美契合亳州中医药文化的特点。

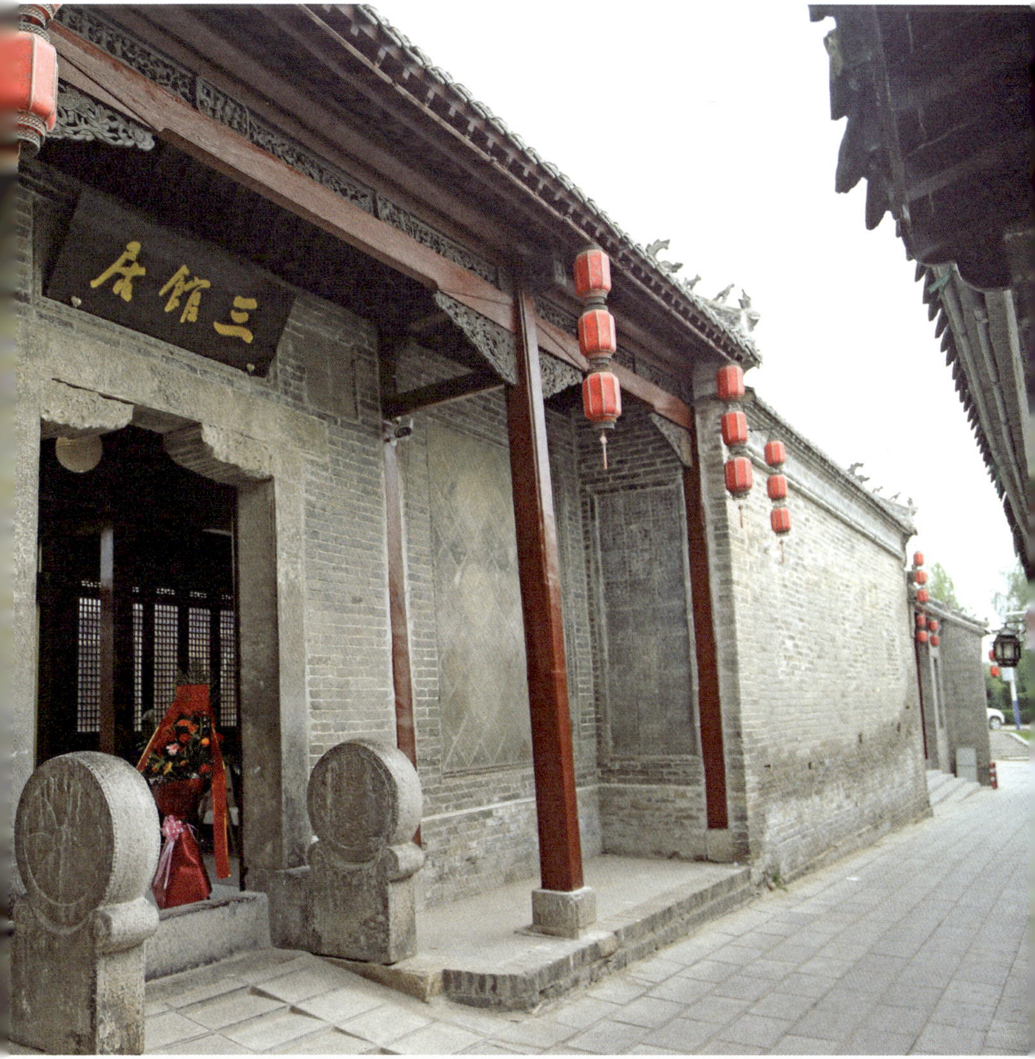
三館居

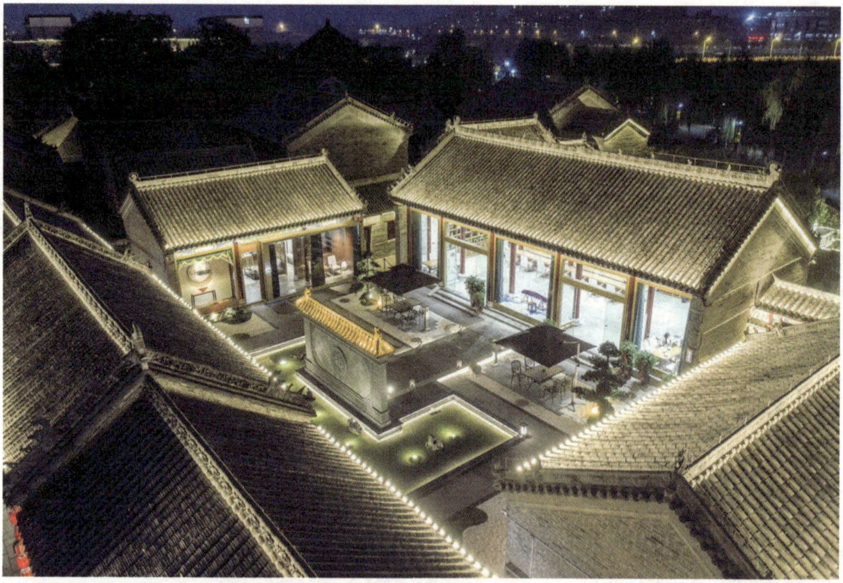

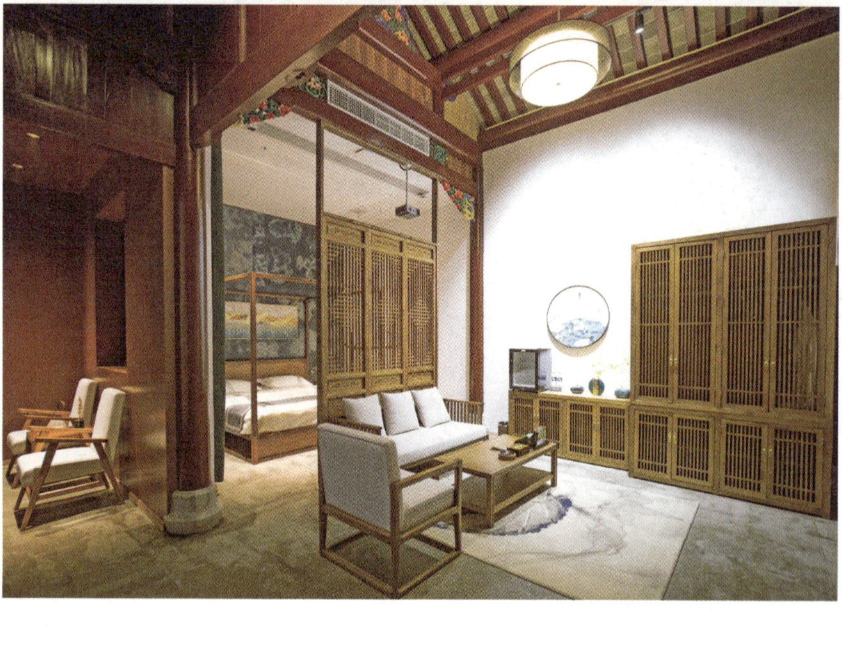

明清石榴园·隐庐

明清石榴园·隐庐位于安徽省淮北市ＡＡＡＡ级景区四季榴园内，毗邻淮北市石榴博物馆。民宿保留了20世纪70年代皖北山区石头屋原貌，结合中式建筑的挑檐屋顶、中式庭院风情院落，与明清古石榴园相映成趣，黛瓦粉墙、红花绿叶，中国传统园林元素和现代艺术元素在此交相辉映。在这里，推开窗户，山色美景尽收眼底；走出庭院，田园风光皆在眼前。游客还可以参观石榴博物馆、漫步千亩石榴园、品尝石榴农产品和当地特色美食地锅鸡等。

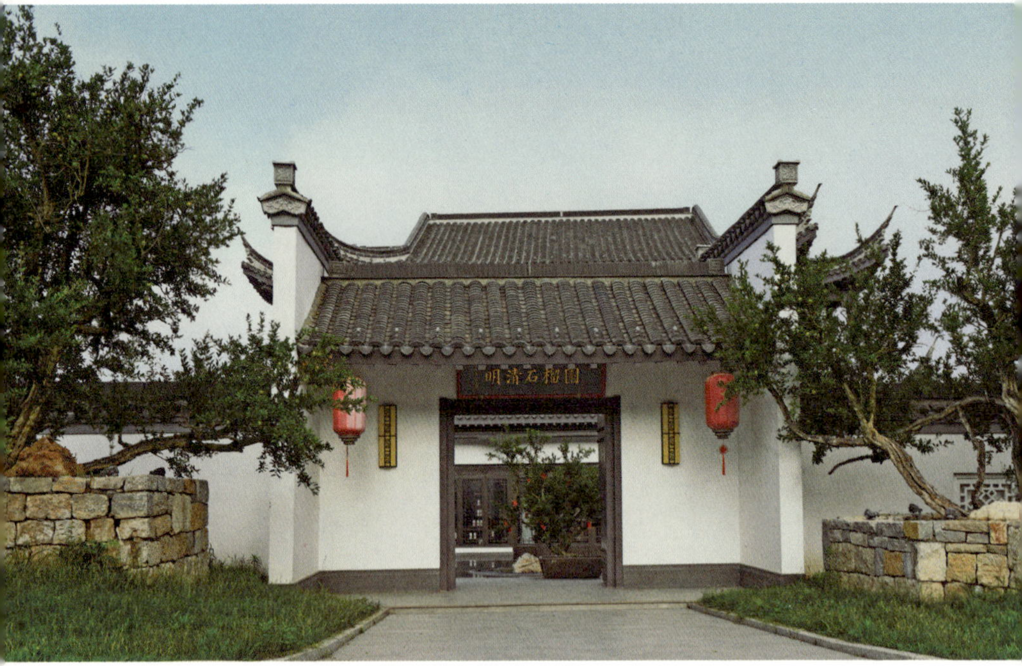
明清石榴園

第四章 皖美精品民宿鉴赏 | 149

主要参考文献

［1］周琼.台湾民宿发展态势及其借鉴［J］.台湾农业探索，2014（01）：13—18.

［2］吴文智，王丹丹.当代民宿的行业界定与发展辨识［J］.旅游论坛，2018，11（03）：81—89.

［3］齐炜. 基于旅游者视角的传统村落价值的追寻［D］.香港：香港理工大学，2019.

［4］王宁，杨兴柱，朱跃，等.旅游村镇住宿业研究进展与展望［J］.旅游论坛，2020，13（02）：94—107.

［5］于文溶. 区隔理论视野下的高端民宿消费研究［D］.上海：华东理工大学，2020.

［6］Wei Qi, Mimi Li, Honggen Xiao, Jinhe Zhang. "Study on the Influence of Tourists' Value on Sustainable Development of Huizhou Traditional Villages— A Case of Hongcun and Xidi". *E3S Web of*

Conferences，2021（02）：236.

［7］Wei Qi, Lin Li, Jie Zhong. "Value Preferences and Intergenerational Differences of Tourists to Traditional Chinese Villages". *Discrete Dynamics in Nature & Society*，2021（10）：1—16.

［8］徐灵枝，李超，吴静.旅游民宿运营实操手册［M］.广州：广东旅游出版社，2021：1—10，59—67.

［9］杨彦锋，刘丽敏，李林霏，等.民宿管理与运营［M］.北京：中国旅游出版社，2021：1—64，149—182.

［10］戴其文，代嫣红，张敏巧，等.世界范围内民宿内涵的演变及对我国民宿发展的启示［J］.中国农业资源与区划，2022，43（11）：262—269.

后 记

近年来，大量民宿如雨后春笋般不断涌现，民宿迅速发展成深受市场欢迎的新兴住宿业态。民宿的发展适应了旅游业转型升级的需要，也为旅游业发展寻找到新的生态空间，在促进传统农业转型、实现城乡统筹发展中发挥着巨大的带动作用，具有重要的意义。目前，安徽省民宿发展取得了长足进步，已经成为乡村旅游高质量发展的重要"阵地"和乡村振兴的"急先锋"。为了进一步加快和推动安徽民宿业的高质量发展，安徽省文化和旅游厅组织编写了本指南，主要内容包括民宿的发展概述、民宿规划设计指南、民宿开办指南以及精品民宿的鉴赏，对民宿主、民宿运营管理人员以及准备开办民宿的投资者具有指导和参考意义。

本指南的编写得到了众多企业和安徽省高校哲学社会科学重大项目《基于旅游活化的皖江流域传统村落乡村振兴模式研究》（2022AH040334）的支持，在此一并予以感谢。